广东省室内装饰装修工程
施工合同（解读）

熊氢玲　主编

叶伟智　李巧玲　副主编

中国纺织出版社有限公司

图书在版编目（CIP）数据

广东省室内装饰装修工程施工合同 ：解读 / 熊氢玲
主编 . -- 北京 ：中国纺织出版社有限公司，2020.4
ISBN 978-7-5180-7175-3

Ⅰ．①广… Ⅱ．①熊… Ⅲ．①室内装饰—工程施工—
经济合同—合同法—法律解释—广东 Ⅵ．① D927.650.365

中国版本图书馆 CIP 数据核字（2019）第 031159 号

责任编辑：张宏 　　责任设计：江思飞 　　责任印制：王艳丽

中国纺织出版社有限公司出版发行
地址：北京市朝阳区百子湾东里 A407 号楼 　邮政编码：100124
销售电话：010 － 67004422 　传真：010 － 87155801
http://www.c-textilep.com
官方微博 http://weibo.com/2119887771
东莞市信誉印刷有限公司印刷 　各地新华书店经销
2020 年 4 月第 1 版第 1 次印刷
开本：710×1000 　1/16 　印张：9
字数：128 千字 　　定价：48.00 元

序

装饰装修行业发展到今天，已经深入人心，先不谈装饰装修行业拥有多大的市场前景，单从社会贡献方面看，有两点是值得肯定的：其一，装饰装修行业极大丰富和改善了人们的居住环境，通过装饰装修行业的兴起和发展，每一个人对居家环境的空间和舒适度有了新的认知；其二，装饰装修行业大大增加了就业，我认识很多从事这个行业的人就是从国企改制失业中走出来的。

但是，发展之余，我们也非常清楚装饰装修行业面临的问题。首先，关于装饰装修行业的消费者投诉一直居高不下；其次，装饰装修类的案件也非常多。平心而论，装修行业之所以发展迅速，根本原因是这个行业适合各种阶层的人参与，门槛不高，前期发展阶段是非常顺利的；然而，如果一个行业发展到一定阶段，还没有提炼和提升，还无法解决这种人员良莠不齐的状况，那么对这个行业来说，可能就是致命的。

目前我们看到装饰装修施工中还有贸然拆除承重墙现象的，还有为了追讨工程款而拆除客户大门或装修的，等等，比比皆是。这些问题，我们需要正视，更需要彻底解决。

再归结一下，这些问题本质上就是法律问题，因此，要彻底解决这些问题，首先要求我们的公司管理人提高法律意识，明白公司的管理是离不开法律的，包括内部员工的管理、工程的管理、与客户之间的合同管理等。其次，我们应该充分认识到，通过法律的手段解决公司的管理问题，才是最长效的，例如公司和客户之间的纠纷，随着我国法治进程的推进，客户的法律意识也越来越强，如果我们的法律意识还落后于客户，一旦产生纠纷，我们如何维权？第三，我们要加强学习和培训，光是管理人的法律意识提高还不够，需要公司的每一个人都提高法律意识，学习基本的法律技能，无论是工程施工人员，还是合同管理人员，都需要学习法律。

这也是行业协会提倡制定行业合同模板的原因，一份规范的合同，对合同双方都是一种保护。作为行业协会，我们需要考虑如何促进整个行业健康有序的发展，如果整个行业健康有序规范合法了，老百姓的家庭生活和居家环境自然就能得到改善和提高，我们小康社会的建设是离不开居家环境建设的。

对装修行业来说，法律是一个新的专业领域，如果有专业法律人士愿意以通俗易懂的语言向我们介绍装饰装修行业的法律知识，这对我们来说，就是一个福音。看到"中国装饰之乡"武宁籍的熊氢玲律师这本《<广东省室内装饰装修工程施工合同>解读》后，我觉得这个福音来了。这本书既可以提高我们的法律意识，又可以提高我们的法律技能，帮助我们管理好合同和公司。

装饰装修这艘巨轮的形成，除了需要本行业的人投入外，确实也需要借助其他领域的专业人员，让他们从自己的专业对我们这个行业提出建设性的意见，只有众采百家之长，才能发展壮大。

希望通过这本书，有更多的其他领域的专业人员关注装饰装修行业，并提出宝贵意见，共同促进整个装饰装修行业的健康持续发展。

原中国建筑装饰协会住宅装饰装修委员会秘书长
现任中国国际家居产业发展论坛主席：张仁

二〇二〇年元月于北京

前　言

"广东省室内装饰装修工程施工合同（解读）"仅经过一年的时间便付梓问世，但其中的经历和沉淀的时间我深有体会。

一、成书的初衷

我来自江西省九江市武宁县。武宁县同装饰装修行业有着极深的渊源，被誉为我国的装饰之乡。

装修行业和"房地产"的发展几乎是同步的，从二十世纪九十年代开始，随着我国住房改革制度的推进，装饰装修行业应运而生。在这十几年间，装饰装修行业得到了迅速发展。由于家装行业从业门槛低，在行业发展的过程中逐渐暴露出很多问题来，导致装饰装修合同纠纷层出不穷。

我从事律师行业期间，经常被老乡咨询有关装饰装修方面的法律问题，尔后被多家装修公司聘请为法律顾问，为装修公司处理过不少案件。

在做法律顾问的这几年，我代理过很多案件，虽然案件各有不同，但归根究底都是由于相关从业人员法律意识过于薄弱而导致的。在我多次给各行业的客户做法律培训时，深切体会到，客户迫切希望提高自己在行业内的法律意识，而相对最易产生纠纷的装饰行业人员，却法律意识较为淡薄。也许是基于家乡是装饰之乡的情节，一直以来我总想写一本能提高装饰从业人员法律意识的书籍，能真真切切地从法律层面上帮助这个行业，规范这个市场，但一直没有找到好的切入点。

随着自己执业经验的不断累积，我总结了目前装修公司存在的法律问题：

（一）装饰装修合同版本雷同

装修行业的老板们经历大致相似，最初在一家装修公司打工，做设计师、工程监理或总经理，协助老板管理整个公司，成长后，自己投资开公司。他们在自己的领域是专业的，但对相关法律的认识并不深，在和客户签署合同时，他们一般会直接套用上一家公司的合同模版，只是换个公司名称。

我曾和他们闲聊，问他们是否认真研究过合同，对合同约定的条款是否了解，有没有针对易发生风险的问题做防范。他们都会笑着说，自己都没有认真看过合同。至于版本如何，并不是很关心，因为同行都是这样用的。

（二）对合同条款不重视，法律意识不强

我问他们，如果在装修过程中发生纠纷怎么办。他们说，如果欠工程款，就让员工去客户家要，不给就拆东西，这个行业很少有欠钱的。

我处理过的一个案例，因为合同约定了逾期完工的违约责任。装修公司违约了，客户向法院主张违约金，算出来的金额和工程款一样高，最终法院支持了，相当于装修公司免费为客户装修了一套房。

还有一个案例，也是因为业主拖欠工程款，老板直接让工人破坏装修拆走家具，业主报警了，认定损失达到 1 万多，业主要求追究装修公司相关人员刑事责任。

（三）未按照合同的约定落实管理

我曾接到过一个装修公司老板的咨询电话，他在装修的时候，答应了业主的要求将承重墙拆除了，导致楼上的楼板出现裂缝，被物业禁止施工，并要求恢复原状。这种事在法律上是没有任何余地的，必须赶紧恢复原状并按物业公司的要求鉴定是否满足负重要求。

其实，在装饰装修合同中，明确约定了关于改动房屋承重结构的限制和条件（见本合同模板第4.5款、第5.5款），如果认真了解合同的内容，知晓了相关的法律规定，那么在施工中就不会如此莽撞了。除此以外，还包括施工管理，如本合同模板第六条第6.1款，该条款约定了关于工程变更的手续和要求。

有一个案例，因施工过程中有增项，虽然事前客户口头答应了，但并未签署书面补充协议，最终结算时客户不承认增项工程量，法院也没有支持装修公司的主张，法院的理由是合同明确约定了关于工程增项的处理方法，装修公司拿不出书面证据，证明客户同意其增项工程，因此不予支持。

如果一个公司能深刻理解合同条款，并在施工中能保证逐一落实，那么公司的管理水平必定能得到大大提升。

随着问题的呈现，在提供法律服务的过程中，我觉得可以从法律的角度对装饰装修施工合同进行解读，通过合同条款的解读，将法律功能切入这个行业，让每个装修公司能充分理解合同条款的法律意义，从而指导自己的工作，日积月累，潜移默化，从而提高整个行业人员的法律意识，让整个装饰装修的行业沿着法律的轨道健康成长和发展。

因此，我花了一年的时间，将自己数十年的执业经验糅合在本书中，试图通过本书来表达我的理念。

二、选择以"广东省室内装饰装修工程施工合同"作为解读蓝本的原因

在本书成稿时，也有装修公司的朋友为此感到疑惑，为什么不拿全国性的版本来解读，而选择广东省内的版本。

我借本书的前言，对此作一个释疑。

（一）此版本是广东省装饰行业协会所制定，适用地域范围为广东省境内，适用工程范围为工程款超过人民币四万元以上的室内装饰装修工程。其初衷也是为了统一管理，规范行业。但是，本合同不具有强制适用力，虽然制定了模板，但是否采用完全由装修公司自由选择。

加之，该模板设计了一个"丙方"，如我在解读中提到，实务中，"丙方"是不存在的，装修公司在日常实务中可能也不想出现"丙方"。因此，本版本的实际使用效果应该不是很好，至少，我目前没有看到一家装修公司在使用该模板作为自己的施工合同。

同时，作为制定单位广东省装饰行业协会，其制定的模板只能适用在广东省区域内，据我了解，每一个省都有自己的装饰行业协会，可能每个省的协会都制定了自己的合同模板。

（二）即便如此，但本合同条款设定的依据还是适用于中华人民共和国范围内的法律法规或规定。虽然因制定单位的局限性，合同模板上添加了"广东省"

的内容，但从合同内容本身看，该合同在全国范围内都是适用的。

因此，我选择《广东省室内装饰装修工程施工合同》作为解读蓝本，只是需要一个蓝本而已，解读的着眼点并非局限于广东省，引用的法律条款也是全国性的，因此，我们理解本书是不必计较"广东省"的字样，本书在全国范围内的装修公司均能适用。

（三）以本书选择的案例为例，该案例并非从广东省范围内的法院选择，而是在全国范围内选择。根据我的经验，装饰装修合同纠纷更多是四大类：一是工程量纠纷，二是工程质量纠纷，三是逾期完工的纠纷，四是保修责任的纠纷。在这些类型的案件中，处理的依据除了有明确的法律规定外，还有明确的合同约定，在本合同模板中都可以找到相应的规定。因此，如果充分理解了本合同，对纠纷的理解和处理原则也会有基本的认知。

因此，对本书的理解，更多需要关注的是装饰装修的行业和相应的法律规定，本书旨在抛砖引玉，无须拘泥区域。

三、关于对书本内容的思考

（一）在本书初稿完成时，我在网上搜索同类型的书籍，发现市面上并没有相同的，因为它们更偏向于工具用书，和本书有着很大的区别。可能是装饰装修在法律上来说是比较窄的范围，很少有人专门关注。

（二）按照《中华人民共和国合同法》的体例，合同法分则第十六章专门规定了"建设工程合同"，该章一共有十九条，第二百八十七条又规定："本章没有规定的，适用承揽合同的有关规定"。在《民事案件案由规定》的编排中我们可以看到，"装饰装修合同纠纷"属于"建设工程合同纠纷"的子项目。我在本书的案件分析中也有提到，室内装饰装修工程本质上属于建设施工合同的范畴。那么对本书的理解除了应结合合同法外，还应该结合我国关于建设工程施工合同及建筑法、建设工程质量管理等方面的法律法规。

（三）本书编写的初衷是针对装修公司，旨在以此为契机提高装修公司的法律意识，针对条文进行解读分析，对在条款约定不明时可能会造成的风险做重点提示，部分还加以案例说明，其目的是为了方便读者参考，所以文字风格上不像法律文书一样严肃，考虑了可阅读性。

（四）再谈谈本书的结构。本书除《前言》外，一共分三部分：第一部分属于正文，逐条解读《广东省室内装饰装修工程施工合同》条款，对合同的条款的解读主要侧重条款的实际意义和法律后果，并且部分解读穿插了案例，为了有助于读者更全面和准确理解合同条款；第二部分是案例点评，案例的主要来源是《中国法律裁判文书网》，其中的"律师点评"部分属于本人的原创，通过点评，让读者明白法院判决的依据和理由，有助于用案例来指导公司的管理；第三部分属于合同模板的列明，装修公司可以选择使用。当然，每个公司的管理模式都不一样，最终的合同版本应结合公司的现状来制定。

（五）在成书时，我和很多装修公司的老板做过沟通，他们都很支持我。成稿后，我也向他们做了讨教，他们也给了很多建设性的意见，在此，我对他们一并表示感谢。

感谢广东华宁装饰集团副总经理卢伟铭为本书封面提供原创图片。

最后衷心祝愿我国的装饰装修行业在法律的框架中不断发展壮大！

熊氢玲

2020 年 1 月

目　录

第一章

"广东省室内装饰装修工程施工合同"逐条解读

合同编号_____

广东省室内装饰装修工程施工合同

甲方（发包方）：_____

乙方（承包方）：_____

丙方：_____

广东省工商行政管理局　　　备案

广东省装饰行业协会　　　　编制

第一节　封面

一、合同编号。

【解读】

合同编号体现了本合同的唯一性。从合同管理的角度看，合同编号非常重要，可以快速把本合同与其他合同区别开来。合同编号的设计应有规律性，例如：现在网上签署的《商品房买卖合同》的编号，前几位数据都是由签署合同的年、月、日组成，因为按该体例来做合同编号，当看到编号就知道了合同的签署日期，非常便利。在一个管理规范的公司里，应考虑合同编号的统一性，以便管理。

二、合同来源。

【解读】

装饰装修合同属于格式合同的性质。为了规范合同管理，行政部门和行业协会制定了规范的合同范本。

首先需了解什么是格式合同。

根据《中华人民共和国合同法》（以下简称"合同法"）第三十九条第二款的规定：格式条款是当事人为了重复使用而预先拟定，并在订立合同时未与对方协商的条款。

由此，对格式合同还可以这样理解：所谓格式合同，就是指当事人一方为了重复使用该合同，在未与对方协商的情况下预先拟定好合同条款，对方只能表示全部同意或者不同意的合同。因此，对于格式合同的非拟定条款的一方来说，要不就订立格式合同，全部接受合同条件；否则就不订立合同。格式合同又称标准合同、定型化合同、制式合同。

法律对格式合同有限制性的要求：

第一，合同法第三十九条第一款规定，采用格式条款订立合同的，提供格式条款的一方应当遵循公平原则确定当事人之间的权利和义务，并采取合理的方式提醒对方注意免除或者限制其责任的条款，按照对方的要求，对该条款予以说明。

第二，合同法第四十条规定，提供格式条款一方免除其责任、加重对方责任、排除对方主要权利的，该条款无效。

第三，合同法第四十一条规定，对格式条款的理解发生争议的，应当按照通常理解予以解释。对格式条款有两种以上解释的，应当做出不利于提供格式条款一方的解释。格式条款和非格式条款不一致的，应当采用非格式条款。

第四，《消费者权益保护法》第二十六条规定，经营者不得以格式合同、通知、声明、店堂告示等方式做出对消费者不公平、不合理的规定，或者减轻免除其损害消费者合同权益应当承担的民事责任。

特别强调，装饰装修合同对业主而言，也属于消费者，因此如果双方发生争议，除了合同法外，消费者权益保护法的规定也可以有效适用。

三、合同名称。

【解读】

本合同名为"室内装饰装修工程施工合同"。像这种确定了合同名称的合同为"有名合同"。装饰装修合同属于建设工程合同的范畴，合同法有专门的章节介绍建设工程合同，并对建设工程合同的内容有很多强制性的规定，这种合同可以直接找到法律的定性、要求和对应点。

从合同的名称看，该合同具有"工程施工"字眼，合同法第二百六十九条第二款列明了建设工程合同的范围，它包括工程勘察、设计、施工合同。本合同在建设工程合同的类型中，明显属于施工合同的范畴。符合"有名合同"的特征。

四、合同当事人。

【解读】

"合同当事人"是合同法的标准称谓，指依法签订合同并在合同条件下履行约定的义务和行使约定权利的自然人、企业法人和其他社会团体。合同当事人也是合同主体。

从装饰装修合同来看，合同当事人至少有两个主体，一是装修公司，二是业主。本标准模板包括了三个主体，后面再逐个分析。

还需要理解另一个法律知识点：装饰装修合同也是"要式合同"。合同法第二百七十条明确规定，建设工程合同应当采用书面形式。装饰装修合同属于建设工程合同，也必须以书面形式签署。这也是主管部门和行业协议之所以制作本合同模板的原因。这种需要采取书面形式签署的合同就叫"要式合同"。

总之，装修合同属于格式合同，又属于有名合同，也属于要式合同。因此在理解或拟订合同条款的时候需要遵守相关的法律规定。

第二节　合同说明

1、此合同文本适用于广东省行政区域内工程款在四万元以上的室内装饰装修工程。此版合同文本适用期至新版合同文本发布时止。

【解读】

合同说明是指本合同模板的适用范围，室内装饰装修工程款超过4万元的，需使用该模板合同；

2、合同乙方应具备工商行政管理部门核发的营业执照，并具有建设主管部门批准的室内装饰装修工程的施工资质或行业协会的相应资格。

【解读】

本条是对装修公司的要求，必须是合法注册的公司，并具有相应的资质。就室内装饰企业的资质规定，中国室内装饰协会于 2003 年 6 月 1 日制定了《全国室内装饰企业资质管理办法》（以下简称《办法》）（2003 年 2 月 21 日 中室协字【2003】003 号）；该《办法》第七条规定室内装饰企业设计资质分为甲、乙、丙三级，施工资质分为甲、乙、丙、丁四级。

《办法》第十条还规定了不同资质的公司承接的工程是不一样的，如果以丁级施工资质来说，其可承担的室内装饰工程的造价限制在人民币 100 万元以内。

3、合同丙方应为广东省装饰行业协会或经广东省装饰行业协会认可的具备法人资格的建筑、装饰相关行业协会或其直属机构。

【解读】

本条确定了合同丙方的资格。

4、本合同解释权归广东省装饰行业协会。

【解读】

本条说明了合同解释权的归属。

5、为防止仿冒伪造，请到 www.gdsnhj.com 或 www.gdgs.gov.cn 网站下载合同的正式版本。

【解读】

此处说明了合同的下载路径。

粘贴印花税票处

第三节　合同主体信息

甲方（发包人）：_____

法人执照号码：_____ 法定代表人：_____

地址：_____

委托代理人：_____ 身份证号：_____

联系电话：_____

乙方（承包人）：_____

营业执照号码：_____ 法定代表人：_____

地址：_____

委托代理人：_____ 身份证号：_____

联系电话：_____

行业准入证号码：_____

工程设计师：_____ 身份证号：_____

施工负责人：_____ 身份证号：_____

丙方：_____

社团登记证号码：_____

地址：_____

法定代表人：_____ 联系电话：_____

委托代理人：_____ 身份证号：_____

合同签订地址：_____

一、甲方（发包人）：＿＿＿＿＿＿＿＿＿＿＿＿＿＿＿＿＿＿＿

【解读】

甲方是发包人，即工程的所有人。如果甲方是公司，就要有营业执照号码（现在统一使用"统一社会信用代码"）和法定代表人名称。如果是自然人，就要有身份证号码。

二、乙方（承包人）：＿＿＿＿＿＿＿＿＿＿＿＿＿＿＿＿＿＿＿

【解读】

乙方是装修公司，只能是公司，因此就必须有营业执照（现在统一使用"统一社会信用代码"）和法定代表人栏目。另外还要注意乙方的"行业准入证号码"。装修公司有关于"行业准入证"的规定，是由地方各级行业协会来管理的。中国室内装饰协会成立于1988年，由原来的国家经济贸易委员会和轻工业部牵头组织成立的。（2001年之前，室内装饰设计单位和施工企业的资质是由国家经济贸易委员会发放的，2001年转由中国室内装饰协会负责）。

三、丙方：＿＿＿＿＿＿＿＿＿＿＿＿＿＿＿＿＿＿＿＿＿＿＿

【解读】

丙方是由主管部门规定的第三方，属于社团组织，从合同模板的内容看，丙方的主要职责是协调甲乙双方的关系，如出现争议的，经双方同意，可以申请丙方进行调解。

四、委托代理人：＿＿＿＿＿＿＿＿＿＿＿＿＿＿＿＿＿＿＿＿＿＿＿

【解读】

就上述合同当事人的约定中，"委托代理人"一栏需要明确其中的法律含义和法律风险。

"委托代理人"是指代理合同当事人签署或履行合同的人。委托代理人必须有委托人的授权，授权书需明确载明授权内容、授权权限和授权期限。如果仅仅是代理本人签署合同，就应明确该授权内容和权限，如果委托代理人有任何超出代理权限的行为对委托人都不是当然产生法律效力的。但是如果委托代理人在代理权限范围内的行为，最终是由委托人来承担责任的，就像本合同，如果上面没有甲方的签名或盖章，但是有其委托代理人（持有甲方的授权书）的签名，对甲方也是有效的。如果代理人超出了权限，是不是也要委托人承担责任？这就需要具体来解释了。

第一，不需要委托人承担。如果书面的授权书明确了授权权限，代理人的行为明显超出了权限的，如果委托人不同意承担责任，委托人是可以不承担的。这就需要合同当事人对对方仔细审查代理人的代理权限。

第二，需要委托人承担。如果授权不明，这个法律风险就需要委托人承担。还有一种"表见代理"的情况，如果代理人当时是公司的员工，公司授权其签订了合同并负责具体事务，后来该员工离职了，但委托人没有及时告知对方，这个代理人又以委托人的名义实施了某些行为，因为对方知道代理人的身份，会误以为本次行为也是代理委托人的，对方是可以要求委托人来承担责任的。这是基于"表见代理"的规定。表见代理的具体规定可见合同法第四十九条。

因此，作为公司的老板，必须明确委托代理人制度本身是没有任何法律瑕疵和风险的，合同法第九条第二款也规定合同是可以委托代理人签署的。但如果管理不善，对公司可能会造成损害。

五、法律依据。

根据《中华人民共和国合同法》、《住宅室内装饰装修管理办法》（建设部第 110 号令）及其他有关法律、法规，结合室内装饰装修工程的特点，三方在平等、自愿、友好协商的基础上，就甲方装饰装修工程的有关事宜，达成以下协议：

【解读】

法律依据是指本合同模板的法律依据和订立本合同的基本原则。

本合同模板的主要法律依据是《中华人民共和国合同法》和《住宅室内装饰装修管理办法》。

《中华人民共和国合同法》由中华人民共和国第九届全国人民代表大会第二次会议于 1999 年 3 月 15 日通过，于 1999 年 10 月 1 日起施行。合同法在日常生活中适用范围最广。

《住宅室内装饰装修管理办法》（建设部第 110 号令）（以下简称《办法》）是建设部 2002 年 2 月 26 日经第 53 次部常务会议讨论通过的，于 2002 年 5 月 1 日起施行，2011 年 1 月 26 日公布实施的中华人民共和国住房和城乡建设部令第 9 号《住房和城乡建设部关于废止和修改部分规章的决定》对《办法》进行了修改，将《办法》第三十九条中的《城市规划法》修改为《中华人民共和国城乡规划法》，其他不变。

《办法》一共八章四十八条，第一章《总则》，规定的是立法背景和基本要求，其中第二条第二款对"住宅室内装饰装修"下了法律定义，即"住宅室内装饰装修，是指住宅竣工验收合格后，业主或者住宅使用人（以下简称"装修人"）对住宅室内进行装饰装修的建筑活动。"

第二章是一般规定，其中诸多条款属于禁止性规定，装修公司应仔细理解。

第三章规定的是开工申报与监督的要求，开工前应向物业管理企业或者房屋管理机构申报登记。

第四章规定的是委托与承接，装修公司必须经建设行政主管部门资质审查，取得相应的建筑业企业资质证书，并在其资质等级许可的范围内承揽工程。装修人在选择装修时，亦应选择具有相应资质等级的装饰装修企业。该章第二十四条还提到，装修合同应书面签署，并规定了合同的基本条款。

第五章规定了室内环境质量，包括装修时的环保要求，以及使用材料和设备的要求，第二十九条还特别提到，装饰装修工程竣工后，空气质量应当符合国家有关标准。装修人可以委托有资格的检测单位对空气质量进行检测。检测不合格的，装饰装修企业应当返工，并由责任人承担相应损失。

第六章规定的是竣工验收与保修。

第七章规定的是法律责任，包括业主和装修公司的法律责任。

第八章是附则，规定了办法的适用范围和施行时间。

这里需要说明一下，《办法》在整个法律体系中属于部门规章，和《合同法》相比，阶位比较低。

《合同法》第五十二条关于合同无效的规定中，明确指出如果合同违反了法律、行政法规的强制性规定的，合同无效。但如果违反的是部门规章的强制性规定，并不当然导致合同无效的。

至于列明的"其他的法律法规"，可以理解为是和室内装饰装修相关的法律法规即可，例如《建筑法》《建设工程质量管理条例》等。

本协议是在"三方在平等、自愿、友好协商的基础上"订立的。这里的"平等""自愿""友好协商"是订立合同的基本原则，也是基本要求。

在《合同法》第三条还规定了合同当事人的法律地位平等的原则，第四条规定了订立合同的自愿原则。

关于自愿原则的规定，可以了解一下《合同法》第五十四条的规定：如果"一方以欺诈、胁迫的手段或者乘人之危，使对方在违背真实意愿的情况下订立的合同，受损害方有权请求人民法院或者仲裁机构变更或者撤销。"这就是违反自愿原则的法律后果。

第四节　合同协议书

一、第一条　工程概况

第一条约定的是工程概况。包括了工程地点、装修面积、工程户型、施工内容及施工工艺、工程承包方式、工程期限和工程款等内容。

这些内容是装修合同的基本信息，但是笔者在实务过程中，发现合同对这些内容的填写往往都不规范。下面就逐条说明一下。

1.1　施工地点：＿＿＿＿＿＿＿＿＿＿＿＿＿＿＿＿＿＿＿＿＿。

【解读】

该地点按照房产证登记的地址去填写。房屋名称在法律上的规范名称是房产证登记的名称。例如：××市××区××路××号。

1.2　工程装饰装修面积：＿＿＿＿＿＿＿＿＿＿＿＿＿＿＿＿。

【解读】

此处填写的面积建议以房产证登记的面积数为准。

1.3　工程户型（以房管局登记备案为准）：＿＿＿＿＿＿＿＿。

【解读】

户型在房产证上也有体现，建议以房产证登记的户型为准。

1.4 施工内容及做法。（见附件1：《广东省室内装饰装修工程施工合同施工项目确认表》、附件2：《广东省室内装饰装修工程施工合同工程内容和做法一览表》及附件3：《广东省室内装饰装修工程施工合同工程施工图纸》）。

【解读】

本合同模板后附附件，在附件1、2、3的内容中体现了施工内容和工艺。

1.5 工程承包方式，经商定采取下列第_____种方式：

（1）乙方（承包人）包工、包全部材料（见附件4：《广东省室内装饰装修工程施工合同承包人提供装饰装修材料、设备明细表》）；

（2）乙方（承包人）包工、包部分材料，甲方（发包人）提供其余部分材料（见附件4及附件5：《广东省室内装饰装修工程施工合同发包人提供材料、设备明细表》）；

（3）乙方（承包人）包工、甲方（发包人）提供全部材料（见附件5）。

【解读】

在合同模板中，列出了两种承包方式，签署合同时选择即可。第一种为装修公司包工、包全部材料方式，通常也叫大包干方式，装修公司不仅负责提供人工，也负责采购材料；

第二种方式为装修公司包工、包部分材料方式，业主需提供其余部分材料，装修公司也负责采购部分材料。

就关于材料采购的规定，《办法》第二十八条规定："住宅室内装饰装修工程使用的材料和设备必须符合国家标准，有质量检验合格证明和有中文标识的产品名称、规格、型号、生产厂名、厂址等。禁止使用国家明令淘汰的建筑装饰装修材料和设备。"因此，装修公司采购的材料必须符合该要求。

1.6 工程期限：

开工日期：_____年_____月_____日；

竣工日期：_____年_____月_____日。

【解 读】

开工日期和竣工日期必须明确规定，要求有具体的年、月、日。因此，在填写内容时装修公司应慎重：一需要考虑节假日的时间；二需要考虑小区的管理要求；三需要考虑不可抗力因素，最好不要把施工时间卡得太紧。因为合同约定的开工时间可能与实际施工时间不一致，因此在开工时间后应备注以"实际开工时间为准"，并收集好实际开工时间的证据；在竣工时间后面备注"如实际开工时间后延的，竣工时间亦应相应后延"。

1.7 工程款：本合同工程造价为人民币_____元，金额大写：_____（见附件6：《广东省室内装饰装修工程施工合同工程报价单》）。

若变更施工内容或材料等，变更部分对应的工程款按实际发生另计。

【解 读】

在实例中，往往合同约定的价款和最终结算的价款不一致，建议后面备注"最终工程价款以实际结算为准"。

合同不是一纸空文，合同本身就是具有法律效力。《合同法》第八条第二款就明确规定：依法成立的合同，受法律保护。因此，维权的第一步就是要认真签署好每一份合同。

二、第二条 工程质量标准

2.1 本工程质量执行国家标准 GB 50096—1999《住宅设计规范》、GB 50327—2001《住宅装饰装修工程施工规范》、GB 50210—2001《建筑装饰装修工程质量验收规范》等相关国家和行业标准。

【解读】

先看《合同法》对质量标准是如何规定的：

《合同法》第十二条规定：合同的内容由当事人约定，一般包括以下条款：

（1）当事人的名称或者姓名和住所；（2）标的；（3）数量；（4）质量；（5）价款或者报酬；（6）履行期限、地点和方式；（7）违约责任；（8）解决争议的方法。

其中第（4）项的"质量"讲的就是质量的标准。

第2.1款约定了"工程质量"执行的是国家标准 GB 50096—1999《住宅设计规范》、GB 50327—2001《住宅装饰装修工程施工规范》、GB 50210—2001《建筑装饰装修工程质量验收规范》。

2.2　装修室内环境污染控制应严格执行 GB 50325—2001《民用建筑工程室内环境污染控制规范》等相关国家、行业和地方标准。

【解读】

该款约定了"装修室内环境污染控制"执行的是 GB 50325—2001《民用建筑工程室内环境污染控制规范》标准。

2.3　其他约定标准（在"是"或"否"对应的"□"中打"√"或填写其他标准）：

（1）GB/T 18883—2002《室内空气质量标准》□是□否执行；

（2）_____。

【解读】

第2.3款第（1）项是选择适用的室内空气质量标准为 GB/T 18883—2002《室内空气质量标准》。

就上述条款需要明确三个法律知识点：

第一，这里列明的五个标准都是国家标准，"GB"是"国标"首字母的缩写。

第二，就质量标准而言，有国家标准、行业标准和地方标准。国家标准是最严格的最低标准，如果没有国家标准的，可以使用行业标准或地方标准；但一旦制定了国家标准，除非行业标准或地方标准严格于国家标准，否则是不应适用的。

第三，结合第 2.3 条款，如果合同不采用国家标准，也是可行的，但必须采用高于国家标准的，否则这种约定是无效的。

在法律上，因为该合同模板的第二条约定了工程的质量标准，如果双方对工程质量产生争议，法院会要求进行鉴定；该约定的质量标准就是鉴定的标准，鉴定部门鉴定实际的工程是否符合该约定的标准，如果符合，便是合格，不符合便是不合格。这就是第二条的法律意义。

也就是说，任何装修公司，在施工过程中，必须严格遵守上述国标，如果发包人对工程质量产生异议需要委托鉴定公司进行鉴定时，该标准就是鉴定公司的参照，比对工程的实际情况，对工程的现状做出结论，是否符合标准。

如果鉴定不合格，根据《中华人民共和国合同法》第二百八十一条（因施工人的原因致使建设工程质量不符合约定的，发包人有权要求施工人在合理期限内无偿修理或者返工、改建。经过修理或者返工、改建后，造成逾期交付的，施工人应当承担违约责任）、《中华人民共和国建筑法》第六十一条（交付竣工验收的建筑工程，必须符合规定的建筑工程质量标准，有完整的工程技术经济资料和经签署的工程保修书，并具备国家规定的其他竣工条件。建筑工程竣工经验收合格后，方可交付使用；未经验收或者验收不合格的，不得交付使用）、《建设工程质量管理条例》第三十二条（施工单位对施工中出现质量问题的建设工程或者竣工验收不合格的建设工程，应当负责返修），装修公司就要必须无偿返修，如因此导致逾期的话，装修公司还要承担逾期完工的违约责任。

最新的国家标准规范：

（1）GB 50096—1999《住宅设计规范》，首先需要注意，该规范已由 GB 50096—2011《住宅设计规范》取代。新规范一共有八章：具体包括总则、术语、基本规定、技术经济指标计算、套内空间、共用部分、室内环境、建筑设备。

（2）GB 50327—2001《住宅装饰装修工程施工规范》对装修公司而言是非常重要的，其中很多条款为国家的强制性规定，必须严格执行。

（3）GB 50210—2001《建筑装饰装修工程质量验收规范》。需要注意的是，在2018年2月8日，住房城乡建设部发布了关于国家标准《建筑装饰装修工程质量验收标准》的公告，《建筑装饰装修工程质量验收规范》GB 50210—2001已废止，现批准《建筑装饰装修工程质量验收标准》的编号为GB 50210—2018，自2018年9月1日起实施。其中，第3.1.4、6.1.11、6.1.12、7.1.12、11.1.12条为强制性条文，必须严格执行。

新规范总则提到"为了统一建筑装饰装修工程的质量验收，保证工程质量，制定本规范"，第二条提到规范适用的是"新建、扩建、改建和既有建筑的装饰装修工程的质量验收"。

（4）GB 50325—2001《民用建筑工程室内环境污染控制规范》已经修改，现在适用的是2013年的版本；该规范主要控制的是因建筑材料和装修材料带来的室内环境污染的问题，室内环境污染物包括氡、甲醛、氨、苯和总挥发性有机化合物。

（5）GB/T 18883—2002《室内空气质量标准》，该标准是由卫生部、国家环境保护总局《室内空气质量标准》联合起草小组起草的，规定了室内空气质量参数及检验方法。

只有详细了解了这些规范，才会判断出工程是否合格，这对装修公司而言至关重要。

三、第三条　丙方的责任

3.1　根据甲方的需要，负责组织不少于＿＿＿＿＿＿＿家具备资质的装饰装修设计和施工单位为甲方进行工程方案的设计与工程报价，供甲方择优选择；若甲方对以上丙方组织的设计和施工单位均不满意时，丙方有义务再次组织新的设计和施工单位与甲方接洽。在甲方与设计施工单位接洽过程中，丙方可向甲方提供中立的免费咨询服务，以协助甲方挑选实用、符合甲方需求的设计和施工方案，并在可能的情况下，争取设计施工单位的免费设计。

甲方亦可另寻设计单位或自带设计方案。由甲方与设计单位签订《广东省室内装饰装修工程委托设计合同》，约定具体事宜。

【解读】

丙方应组织多家具备装饰装修设计和施工资质的公司为工程出具设计方案和报价，供业主择优选择。期间应免费为业主提供咨询。现实中，业主找装修公司询价时不会有像丙方一样的第三方出现。

3.2 根据甲方的需要，组织材料供应商为甲方配售建筑装饰材料，同时组织具备资质的检测实验室对以上材料进行免费验收，确保达到相关国家标准的要求。甲方亦可自行选购材料，并选择丙方组织的检测实验室进行有偿验收。

材料验收单位为＿＿＿＿＿＿＿＿，具体可参见《广东省室内装饰装修工程材料委托验收合同》（合同编号：＿＿＿＿＿＿＿＿）。

【解读】

丙方可以为甲方推介材料商，并组织实验室对材料免费检测是否符合相关标准。

3.3 根据甲方的需要，组织具备资质的工程监理单位有偿为甲方作工程投资、质量、进度等方面的监理和验收服务。由监理单位与甲方签订《广东省室内装饰装修工程委托监理合同》，约定具体事宜。

工程监理单位为＿＿＿＿＿＿＿＿，具体可参见《广东省室内装饰装修工程委托监理合同》（合同编号：＿＿＿＿＿＿＿＿）。

【解读】

本条款约定的是丙方可以根据甲方要求组织工程监理公司为甲方的工程提供监理服务。

3.4 根据甲方的需要,在本工程竣工后,组织具备资质的检测实验室对室内环境质量进行有偿检测验收,以确保达到 GB 50325—2001《民用建筑工程室内环境污染控制规范》及其他约定标准的要求。丙方保证其所组织的检测实验室检测收费不高于市场平均价。由环境检测验收单位与甲方签订《广东省室内装饰装修工程室内环境检测委托合同》,约定具体事宜。

环境检测单位为_____,具体可参见《广东省室内装饰装修工程室内环境检测委托合同》(合同编号:_____)。

【解读】

本条款约定的是丙方可以根据甲方要求对竣工的工程提供有偿的室内环境质量检测。

3.5 对检测验收室内环境质量不合格的项目,丙方应督促乙方进行治理或返工,直至达标为止。

【解读】

本条款约定的是如果室内环境质量检测不合格的处理方式。

3.6 合理监控工程款,向甲方保证工程款的安全;在乙方顺利履行职责时,按约定及时向乙方出示同意拨款证明材料;工程款有结余时,及时同意甲方取走工程结余款。在施工项目变更时,负责督促甲方补交增加项目对应的工程款或保证甲方能取回剩余的工程款。在甲乙两方出现纠纷、甲乙两方尚未对纠纷达成统一意见并提供有效书面材料时,不得同意甲方提走剩余的工程款(具体可参见 4.1 款)。

【解读】

本条款约定的是丙方控制工程进度款的支付。

3.7 负责与合同有关事项的组织协调工作。当甲方委托丙方组织相关建材配售、工程监理及环境监测单位或委托丙方组织工程验收时，丙方应及时履行职责，以不影响工期为准。因丙方原因造成工程延期的，责任由丙方承担。

【解读】

丙方可以在甲方委托下对工程进行组织验收。

从上述条款可见，该条款并非强制性规定，丙方所有的作为都是基于甲方的委托授权方可实现。而在实际施工过程中，第三条的约定一般不会出现。就第三条约定的事项一般都是甲方和乙方自行完成。

例如：（1）就装修公司的选择，一般都是业主自己询价比对，不会有第三方参与。（2）就装修材料的选购，要么是有装修公司推介，然后由业主自行决定和选购；要么是全包的方式，全部由装修公司来购买。（3）工程的监理一般也是公司自己选派，有些业主的时间比较充裕的，也会有业主自己监管施工过程。（4）就工程的验收，在实务中也是由业主和公司双方共同验收完成。（5）就材料的质量检测和室内环境质量的检测，实务中都已经省略，如果就工程质量产生纠纷，再委托第三方进行鉴定。（6）就工程款的支付，实务中一般都是按进度进行付款，由业主直接支付给装修公司。

但是在装饰装修合同纠纷中，工程款纠纷是高频的，因为装修公司一般都是先收钱再干活，在签署合同时就收取了30%～50%的工程款，加之预算报价和实际施工工程量差距较大，很多案件都是在施工过程中，业主发现工程实际造价已经远远超过预算，便对装修公司产生不满而导致纠纷的。这时即便业主不满要求解除合同，装修公司该收的工程款也早已收齐，相反是业主多付了钱，装修公司不愿意退还。

在现实中，像丙方这样的第三方机构基本是看不到的，如果现实中真能存在丙方那样的第三方，由第三方来监管工程质量、材料标准，监管工程款的支付，可能装修纠纷会少很多。

四、第四条 甲方责任

4.1 本合同签订后_____日内，甲方需将全部工程款项存缴于丙方指定的特约账户，并由甲方和丙方共同监管和发放。每次提款需由甲丙双方出具书面认可，甲方或丙方无权单方面提取款项。

若甲方委托乙方购买材料，则乙方购买材料对应的款项属本工程款的一部分，应一同缴存于以上特约账户。若变更施工，增加工程对应的材料和施工等费用款项应一同缴存于以上特约账户；但若精简工程，除非另有约定，减少施工所对应的费用款项不得提前从该特约账户提出，须等工程完工后再返还甲方。

本工程款项特约账户为：

开户名：_____

开户行：_____

账号：_____

【解读】

本条列明的是甲方的付款义务，需要注意：（1）该合同模板约定的收款账号是丙方指定的账号，这是和第三条第3.6款相对应的，实务中因为没有丙方参与，因此收款账号一般是乙方装修公司指定的账号。（2）因为没有丙方参与和监管款项，所以就不存在由甲方和丙方共同监管款项使用的问题，一般都是由乙方自由支配该款项。

现实中，可能存在装修公司将款项挪作他用的情形。本来，甲方所交付的工程款包括人工工资、材料款（如需要乙方选购材料时）和公司的利润，工人工资和材料款都属于预付款，最终是需要支付出去的，如果装修公司将该款项挪用了，不排除会出现拖欠工资或拖欠材料款而无法正常施工的情况。实务中经常出现这种类型的案件。如果真能有第三方介入监管工程款，对合同的有效履行是很有意义的。

因为该条款约定了收款账号。这时甲方需注意，甲方的付款如果没有支付到合同约定的账号，乙方不认可已经收到钱的话，甲方是需承担逾期付款的法律责任的。

【案例说明】

以前有过这样的案件，因为合同约定了收款账号，后来一个员工私自向业主收款，并打了收条，员工收到款项后就离职了，也没有把钱交给公司，最终结算的时候，公司不认可这笔工程款，但业主拒绝重复支付。公司最终起诉到法院，法院支持了公司的主张，要求业主付款，其中非常重要的理由就是合同约定了收款账号，业主没有按合同约定付款。但是就业主曾向员工付款的行为，法院认为业主应立案处理。

这里需强调，如果出现上述情形，那个收款的员工已构成违法行为，甚至可能构成刑事案件，如果公司承认这笔账，就不能再要求业主支付了，但可以员工存在"职务侵占"为由报警处理，如果公司不认这笔账，业主则可以员工存在"诈骗"为由报警处理。但是，在公司和业主之间，还是要按合同来处理。

另外，该条款还包含了甲方的付款时间，如果甲方逾期付款，便构成违约，相应的法律后果是：①乙方有权启动抗辩权，相应顺延工期；②乙方有权主张违约金；③如甲方在乙方催告后仍不付款，乙方有权解除合同，并追究甲方的违约责任。

4.2 开工前_____天，为乙方入场施工创造条件，并进行现场交底。全部腾空或部分腾空房屋，清除影响施工的障碍物。对只能部分腾空的房屋中所滞留的家具、陈设等采用保护措施。若甲方自带设计方案，在现场交底前还应向乙方提供经确认的施工图纸或施工说明文件_____份。

【解读】

此条款包含了四个内容：（1）约定了甲方需为乙方入场施工创造条件的时间。该时间的约定非常有意义，如果甲方逾期，则乙方有权相应顺延竣工时间。因此，该时间的约定应该具体到日期。（2）约定了甲方需保证现场施工的条件应全部腾空或部分腾空房屋，清除影响施工的障碍物。如果甲方不能满足施工条件，乙方也可以此为由顺延竣工时间。（3）约定甲方对滞留的设施需做好保护措施。注意：采取保护措施的义务人是甲方本身，不是乙方。该约定对翻修工程是有意义的。（4）就设计图纸的问题，如果是甲方自带设计方案的，施工前甲方应和乙方充分沟通，并将经甲方确认和认可的图纸提供给乙方，否则乙方是不知道如何施工的，如因此逾期完工了，该责任也是由甲方自己承担的。

但是，就图纸交付事宜，甲方是需承担举证责任的，因此，图纸应书面移交，必需有乙方的签收证明。

4.3 向乙方提供施工所需水、电等设备，并说明使用注意事项，水电费用由_____方承担。负责办理施工所涉及的各种申请、批文等手续及应当由甲方支付的相关费用。

【解读】

此条款包含了两个内容：（1）约定是由甲方向乙方提供所需的水电设备，当然，也可以约定由乙方自行负责设备。包括水电费的承担，亦由双方自行协商处理。（2）约定由甲方负责办理施工所需的各种申请、批文并支付相关费用。在实务中，如果是小区装修，物业公司对装修的要求都有书面告知业主，业主申请装修时必须遵守该物业公司的规定，包括申请装修、图纸审核、公司审查、缴纳押金等事项，都是需要业主配合办理的。

因此，就甲方需要办理的事项，如果不能及时办妥，必定影响开工和施工，在此，作为乙方需要做好举证工作，避免出现逾期完工被追究违约责任。

4.4 遵守物业管理的各项规章制度，并负责协调乙方施工人员与邻里之间的关系。

【解读】

此条款包含两个内容：（1）需要遵守物业管理的规定，例如有些小区规定，周末不得施工，甲方要敦促乙方遵守该规定。（2）协调邻里关系。在施工中，如果邻居已经入住，施工过程中可能会对邻居的生活造成不便，包括空气、噪音等，甲方应积极主动协调该邻里关系，避免影响正常作业。

4.5　甲方不得有下列行为：

（1）随意改动房屋主体和承重结构。

（2）在外墙上开窗、门或扩大原有门窗尺寸，拆除连接阳台门窗的墙体。

（3）在室内铺贴一厘米以上石材、砌筑墙体、增加楼地面荷载。

（4）破坏厨房、厕所地面防水层和拆改热、暖、燃气管道设施。

（5）强令承包人违章作业施工的其他行为。

【解读】

本条款约定的是甲方的禁止行为，合同列明了五项。

第一，该约定是强制性的，无论是甲方还是乙方都不得违反；

第二，如果甲方强行要求乙方违反该五项规定，乙方必须拒绝。但是，如果甲方不明白其中的法律意义，例如，在本合同模板对此五项做了列明，如实际签署的合同没有列明，作为业主甲方不清楚其中的规定，而乙方却依照甲方要求实施了这些行为，那么该责任应该由谁来承担呢？笔者认为，该责任应由乙方承担，理由有二：其一，乙方作为专业的施工方，应明确法律的相关规定，其对该禁止性的规定的了解应该比业主更清楚，因此其注意义务的程度也要高于业主；其二，该规定是禁止性的，即便甲方要求乙方实施，乙方也是必须拒绝的，乙方不拒绝，就已经存在问题。因此，就该禁止性的规定，作为装修公司应该牢记。

该条款的法律依据：

第（1）项的法律依据是《住宅装饰装修工程施工规范》GB 50327—2001第3.1.4的规定：施工中，严禁擅自改动建筑主体、承重结构或改变房间主要使用功能。GB 50210—2018《建筑装饰装修工程质量验收规范》第3.3.3条的规定：建筑装饰装修工程施工中，严禁违反设计文件擅自改动建筑主体、承重结构或主要使用功能。

如果确实需要修改的，则根据GB 50210—2018《建筑装饰装修工程质量验收规范》第3.1.4条，必须由原结构设计单位或具备相应资质的设计单位核查有关原始资料，对既有建筑结构的安全性进行核验、确认。

第（2）项的法律依据亦是上述两个规范。

第（3）项的约定是为了避免增加楼地面承重。上述两个规范规定了铺贴石材的施工要点，但没有明确规定石材厚度不得超过一厘米以上，只是提到需符合设计的要求。

第（4）项的法律依据亦是《住宅装饰装修工程施工规范》GB 50327—2001第3.1.4条的规定：严禁擅自拆改燃气、暖气、通信等配套设施；和GB 50210—2018《建筑装饰装修工程质量验收规范》第3.3.4条的规定：未经设计确认和有关部门批准，不得擅自拆改主体结构和水、暖、电、燃气、通信等配套设施。对于破坏防水的规定，只是提到防水工程的要求，其中包括防水工程的蓄水试验不得低于两次。

第（5）项属于兜底条款，但从该条款可以看出，上述行为都属于甲方强令乙方实施的行为。因此，从专业性来说，对于甲方要求的行为，乙方是需要明白哪些是不可实施的。

例如GB 50210—2018《建筑装饰装修工程质量验收规范》第3.1.4条，它属于强制性条款，是绝对禁止的，如果甲方的行为触犯了该条款，乙方必须严令拒绝，并出示规定，否则即便以甲方强制要求为由，乙方可能也无法免责。

【案例说明】

笔者之前接触过该类案例，施工中业主要求打掉承重的横梁，装修公司听从了，结果导致楼上的业主家房门变形了，楼上投诉到物业公司，物业公司检查现场发现，承重的横梁打掉了一半，便立马要求停工，经第三方检测，存在安全隐患，像这种横梁一旦打掉即使恢复原状，也恢复不到以前的承重程度，这样下来，业主和装修公司都要承担责任。

4.6 凡涉及4.5款所列内容的，甲方应当向房屋管理部门提出申请，由原设计单位或者具有相应资质等级的设计单位对改动方案的安全使用性进行审定并出具书面证明，再由房管部门批准。

【解读】

此款属于对 4.5 款的补充，如果涉及 4.5 款的内容，甲方该如何处理。在获得批准文件前，是不允许施工的。在这期间如导致无法施工的，该责任将由甲方承担，乙方需做好举证工作。

4.7 施工期间甲方仍需部分使用该居室的，甲方则应当负责配合乙方做好保卫及消防工作。

【解读】

该条款一般适用的是翻新工程，但从条款内容可见，保卫和消防工作的责任人主要还是乙方，甲方是义务配合人，双方要各司其职。

4.8 指派_____为甲方驻工地代表（如有需要），负责合同履行和对工程质量、进度进行监督检查，办理验收、变更、登记、签证手续和其他事宜。甲方驻工地代表所签署的文件应视为甲方对有关事宜的确认。

【解读】

甲方需指派具体人员为驻工地的代表，负责的事务如条款列明：负责合同履行和对工程质量、进度进行监督检查，办理验收、变更、登记、签证手续和其他事宜。

该条款有授权的法律效力，在该条款约定的事项范围内，该代表的签名和甲方签名的法律效力是一样的。因此，甲方和乙方都应该明确其中的法律意义。特别是隐蔽工程，理论上是需要验收才可以封闭继续施工，如果甲方没有时间验收，工地代表验收签名也是有效的。在装修工程中，水电工程和防水工程都是隐蔽工程，不仅工程量大，而且非常重要，更重要的是如果不抓紧时间验收，下一道工序包括铺砖、抹灰、木工等工程根本就无法进行，势必影响整个工程进度，因此，乙方完全可以让该代表验收工程，这样可以大大节省时间。

授权的法律效力在这句话中也能体现"甲方驻工地代表所签署的文件应视为甲方对有关事宜的确认"。

五、第五条 乙方责任

5.1 根据施工图纸或施工说明，拟定施工方案和进度计划，交甲方审定。

【解读】

本条款列明的是乙方需拟定施工计划的义务。这里需要注意三点：其一，如果施工图纸不是乙方出具的，甲方向乙方移交图纸时需要办理交付手续，在乙方收到图纸后，再根据图纸的要求拟定施工方案和进度计划；其二，如果图纸由乙方设计，乙方需要拟定施工方案和进度计划；其三，按该条款的要求，乙方的施工方案和进度计划需要给到甲方审定，审定通过后，方可施工。

在实务中，装修公司一般都会有施工方案和进度计划，但主要是内部管理中使用，可能会向甲方口头演示，但不会让甲方书面审定通过；具体落实的情况也不一定能尽人意，有的甚至沦为摆设。

比对案例，该方案和计划在工程管理过程中是非常有意义的，可以检查实际施工的情况同计划的协同性，并找出逾期的原因。如果确实因业主的因素或天气等自然灾害的原因导致停工的，在实际的施工日志中都应该详细记录。但很多案例中，装修公司会忽略这个问题，时间久了，问题就模糊了，公司的管理水平一直无法提高，这也是根本原因之一。

5.2 指派＿＿＿＿＿＿＿＿为乙方驻工地代表，负责合同履行，按要求组织施工，保质、保量、按期完成施工任务，解决由乙方负责的各项事宜。乙方驻工地代表所签署的文件应视为乙方对有关事宜的确认。

【解读】

本条款约定的是乙方应指派具体人员为驻工地代表，负责合同履行，按要求组织施工，保质、保量、按期完成施工任务，解决由乙方负责的各项事宜。该条款和4.8款是对应的，通过甲方的代表和乙方的代表对现场进行管理，可以即时解决很多问题，有效推进工程的进度。

但管理上乙方需要注意，因为该驻工地代表所签署的文件视为乙方对有关事宜的确认；工地代表的行为视为乙方的行为，因此，乙方需对该代表加强管理，避免出现不必要的争议。

5.3　严格执行施工规范、质量标准、安全操作规范、防火安全规范和环境保护规定。

【解读】

乙方在施工过程中需遵守施工规范，控制质量标准，安全操作、遵守防火规范和环境保护的规定。这些具体的细则在第二条约定的几个规范中都有详细的说明。例如在 GB 50327—2001《住宅装饰装修工程施工规范》中，对防火的安全、室内环境的污染控制、各项工程（防水工程、抹灰工程、吊顶工程、轻质隔墙工程、门窗工程、墙面铺装工程、涂饰工程、地面铺装工程、卫生器具及管道安装工程、电气安装工程等）都有详细规定，对材料质量要求和施工要点都有非常详细的说明。这些规定都是施工中必须遵守的规范，乙方需要对工人进行管理。

5.4　积极配合甲方委托人和丙方开展正常工作。配合甲方委托的工程监理开展工作，做好各项质量检查记录和阶段性工程验收。配合竣工验收，编制工程结算。安全、保质、按期完成本合同约定的工程内容。

【解读】

本条款约定的是乙方的配合义务，包括配合甲方的工地代表、丙方、工程监理开展工作。配合办理竣工验收，编制工程结算；安全、保质、按期完成工程。

实务中，通常不会有丙方和监理方的出现，甲方的工地代表也不一定存在。因此，该配合义务一般用不上。但是，安全、保质、按期完成工程是乙方的基本义务。

工程完工后，乙方需要同甲方对工程进行验收，并编制工程结算单。通知验收和编制结算单也是乙方的基本义务，正常情况下，装修公司都能遵守。

实务中，如果发生争议，和工程质量、工程量、逾期完工有很大的关系。如果工程质量出现问题，工期出现逾期，装修公司承担责任的可能性很大。

5.5 严格执行建设行政主管部门施工现场管理规定：

（1）无房屋管理部门审批手续和加固图纸，不得拆改工程内的建筑主体和承重结构，不得加大楼地面荷载，不得改动室内原有热、暖、燃气等管理设施；

（2）遵守物业管理规定的施工时间，不得扰民及污染环境；

（3）因进行装饰装修施工造成相邻居民住房的管道堵塞、渗漏、停水、停电等，由承包人承担修理和损失赔偿的责任；

（4）负责工程成品、设备和居室留存家具陈设的保护；

（5）保证室内上、下水管道畅通和卫生间的清洁；

（6）负责将装修垃圾装袋，及时清运到物业指定位置，并支付物业管理所收的相关费用。

【解读】

此条款非常重要，共包含6项。

第（1）项约定乙方如果没有房屋管理部门审批手续和加固图纸，不得拆改工程内的建筑主体和承重结构，不得加大楼地面荷载，不得改动室内原有热、暖、燃气等管理设施；该项和4.5款是相对应的，也是 GB 50327—2001《住宅装饰装修工程施工规范》的要求，在上一节已经详细解读，在此就不赘述了。遵守规范，既是甲方的义务，也是乙方的义务，如有违反，双方都脱不了干系。

第（2）项约定的是乙方施工中应遵守物业公司的管理，实务中，公司一般都能遵守。

第（3）项约定的是乙方因施工过程中造成侵权应承担的责任。注意，如果因乙方施工导致相邻居民住房出现管道堵塞、渗漏、停水、停电等情形的，如果公司不承担责任，受害方可以要求甲方（业主）承担责任，但因为合同有约定最终的责任人是乙方，即便甲方承担了责任，甲方也有权向乙方追偿。

第（4）项也是约定乙方的责任范围，需要保护好设备，和4.7款是相对应的，但是，如果因甲方配合不到而造成家具损坏的，乙方可以减轻或免除责任。

第（5）项是要求乙方保证室内上、下水管道畅通和卫生间的清洁。这也是施工的基本要求。

第（6）项其实也是遵守物业管理的规定，一般的小区，物业都会指定装修垃圾的集中点，并要求装袋，不得洒落。

5.6　自备施工工具，并充分利用辅材和主材，减少材料浪费。一般材料的损耗率应不高于＿＿＿＿％，特殊材料损耗率的约定：＿＿＿＿＿＿＿＿。乙方施工所造成的材料损耗超出以上约定的部分，其费用由乙方承担。

【解读】

此条款约定是由乙方自备施工工具，并充分利用辅材和主材，减少材料浪费。该条款约定了损耗率。实务中，这种约定一般没有。但笔者认为，业主可以要求约定材料的损耗率，避免过度浪费，造成损失。一旦约定，对双方都是有效的。

5.7　向甲方提供项目完善、清楚规范的报价文本，根据工程实际情况由专业的报价师或报价系统提供标准报价。甲乙双方达成一致后，在施工项目不变更的情况下，工程的结算价格与预算价格误差不超过＿＿＿＿％，超出部分由乙方承担。

【解读】

此条款要求乙方需提供详细的报价单，并约定工程的结算价和报价单的误差值，超出部分的价格由乙方自行承担。该条款的约定可以避免乙方随意报价、施工中随意加价、随意浪费材料。

实务中，因为市场竞争的原因，很多装修公司往往低报价，诱导业主签订合同，而一旦施工了，又会增加工程量，其实也不是增加工程量，而是报价时没有计算工程量（工程量数量为"0"），只列明单价，结算时再体现工程量，最终结算的价格远远大于预算。装修公司利用业主对装修行业的不了解使用障眼法的手段不可取。

【案例说明】

笔者之前代理过这类案件，在法庭上，连业主自己也承认，装修公司的报价确实比较低，因为业主也是做工程出身的，懂预算，他知道如果以装修公司的报价肯定完成不了工程，所以他特别要求在施工中不得加价，最后装修公司亏本完成了这个工程。

公开透明，公平合理才是王道。在装饰装修合同中，该条款必不可少！

5.8 甲方为少数民族的，乙方在施工过程中应当尊重其民族风俗习惯。

【解读】

本条款讲的是乙方的附随义务，既然有约定，乙方就必须遵守。

该条款是乙方需要认真学习和遵守的，如果有违反，则会构成违约，需要承担相应的责任。

六、第六条　工程变更

本项约定的是工程变更，共有三个条款。

工程变更涉及合同变更的问题，根据《合同法》第八条第一款的规定，依法成立的合同，对当事人具有法律约束力，任何一方都不得擅自变更。合同变更必须经双方协商一致。这个规定在条款中也会有反映。

6.1 合同签订后，在施工前或施工过程中如果甲方还需增加工程项目，在增加制作之前，乙方作预算造价；如需变更，甲乙两方须协商一致，参照同类工程价格调整相应费用，并告知丙方。

【解读】

本条款约定的是甲方增加工程项目的处理程序，条款的内容是指在甲方需要增加工程项目时，乙方需要做预算造价，该造价须参照本合同中同类工程价格调整。对这条的理解可以从三方面进行：第一，需要明确，增加工程项目也属于合同变更的范畴，也需要双方协商一致，该条款标明"如需变更，甲乙两方须协商一致"；第二，在增加项目施工前，乙方要提前制作好预算，价格参考同类工程。业主同意此报价后，双方需要签署书面的"工程变更单"，在实务中，就增加项目往往会产生争议。第三，关于工期的问题，在第七条也有明确的规定。

【案例说明】

笔者之前处理过一个装修纠纷的案件，涉及增加项目的问题，当时业主口头陈述，装修公司便照做了，既没有报价也没有图纸，最后结算时，业主看到该增加的项目价格不菲，就不愿支付。因为合同约定如需增加项目必须要有业主签名确认的书面《工程变更单》。因当时是口头约定，业主不认账，最后法院也没有支持该装修公司，装修公司等于白做了这个项目。

因此，既然合同明确约定了增加项目的条件和程序，合同履行过程中就必须严格遵守，按照该条款，装修公司出具报价后，需要得到甲方的签名确认，否则甲方可以不认账。

6.2　增加项目所需的费用，必须在增加项目施工前一次性交纳至丙方指定的本工程款项特约账户，由甲丙双方监督发放（参见 4.1 款及附件 7：《广东省室内装饰装修工程施工合同工程变更单》）。

【解读】

本条款约定的是增加项目工程款支付的问题。按照本条款的要求，增加项目报价得到甲方确认后，甲方必须先付款。这条对装修公司非常有利，如果业主有付款的行为，即便手续上不够完善，装修公司的利益也可以得到保障。实务中，就增加项目，装修公司一般都是做完了再收款。

6.3 合同签订后，在施工前或施工过程中如果甲方需减少工程项目，三方协商一致后，调整相应费用，并约定：甲方单方面要求减少施工项目所对应的费用（以工程预算为基础），应划拨_____%给乙方作为补偿；乙方提议或要求减少施工项目，经甲方及丙方同意后，其对应的费用按原预算的100%在工程完工后返还给甲方。

【解读】

本条款约定的是减少工程项目的处理方法。

对这条的理解需要从三方面进行：

其一，和增加项目一样，减少项目也属于合同变更的范畴，也需经双方协商一致并同意。

其二，如果是甲方提出减少工程项目的，因为涉及下调工程款，就减少的项目根据预算的工程款金额，乙方有权收取一定的补偿。如果就减少的工程量，乙方已经购买了施工材料，该材料款应全部由甲方承担。

其三，如属于乙方提出减少工程项目的，乙方必须全额退款。就减少的工程项目，双方应签署书面的工程变更单，就减少的项目和价款列明，并将退款的方式、金额和退款的时间都要具体体现，以避免争议。

【案例说明】

实务中，减少工程项目可能会导致工程款支出，例如，原合同约定需要做一个杂物房，乙方已经完成了隔墙，后来甲方又取消了，那又必须将隔墙拆除，砌墙和拆墙都会产生工程款。因此，就这些费用承担都必须在书面协议中明确下来，避免结算时产生争议。因为如果启动鉴定，这些砌墙拆墙的项目在完工的工程中是看不见的，这样可能会让乙方吃哑巴亏。

总之，就工程项目变更的问题，如果合同有约定程序和条件，甲乙双方都应该严格遵守约定，并及时通过协议留存该证据。

七、第七条　关于工期的约定

在施工期间对合同约定的工程内容如需变更，甲乙两方须协商一致，共同签署书面变更单，并告知丙方。同时调整相关工程费用及工期。工程变更单是竣工结算和顺延工期的依据。

【解读】

工程变更单就是工程变更和顺延工期的依据，是最基本、最直接的证据。工程变更单应该包含三个内容：第一是体现变更的工程项目；第二是造价；第三是体现变更项目需要的工期。该增加的工期就是需要顺延的工期。如果没有该变更单，最终结算和顺延工期的问题就可能对装修公司不利。

7.1　甲方要求比合同约定的工期提前竣工时，应征得乙方同意并告知丙方。

【解读】

该条款是指如果合同约定了工期，甲方想乙方能加快施工进程提前完工的，甲方的要求必须征得乙方的同意，对此，乙方可以衡量拒绝，一经同意，就必须按新的工期完工，否则一样需要承担逾期完工的违约责任。

7.2　因甲方未按约定完成工作，影响工期，工期顺延，责任由甲方承担。

【解读】

如合同约定了工程款的支付时间、甲方配合报建、甲方需按约定腾空工地等，如甲方未能按期完成合同义务而影响工期的，工期应顺延。当然，乙方应做好取证工作。

【案例说明】

例如，合同约定在 2018 年 3 月 16 日进场施工，工期 6 个月，从进场之日开始起算，但是，由于甲方没有腾空房屋，导致无法施工，最后甲方到 2018 年 4 月 1 日才腾空房屋，乙方在 4 月 2 日进场施工，工期应该顺延 15 天。但是如果乙方没有做好证据收集，发生争议时，甲方不认账，乙方又没有证据证明实际进场的时间，也没有证据证明是甲方没有腾空房屋导致无法按时进场施工，这时法院只会按合同约定来计算工期，将 3 月 16 日定为开始施工日，这样，装修公司就吃了哑巴亏。

7.3 因乙方原因不能按期开工或中途无故停工，影响工期，责任由乙方承担。

【解读】

本条款约定的是乙方自身原因导致工期受到影响的责任承担。如乙方无正当理由而不能按期开工或中途无故停工的，该责任由乙方承担。但如果乙方有正当理由却没有证据的话，也会视为没有正当理由。

7.4 因丙方未按约定完成工作，影响工期，工期顺延，责任由丙方承担。

【解读】

此条款在实务中一般不会出现。

7.5 因设计变更或非甲、乙、丙方原因造成的停水、停电、停气及不可抗力的因素，影响工期，工期相应顺延，甲乙丙三方均不承担该责任。

【解读】

该条款列明了三种情况，第一种是因设计变更；第二种是非甲、乙、丙方原因造成的停水、停电、停气的因素；第三种是不可抗力的因素。既然合同明确约定，就必须严格遵守。但是，装修公司需要明确一点，如真出现上述原因，装修公司应该做好登记和取证，例如市政原因停水停电、台风、暴雨等不可抗因素导致的无法施工，装修公司需及时做好记录，并让甲方签名确认。这既是工程管理的需要，也能减少不必要的争议。如果装修公司能做到此等程度，说明其公司的管理制度非常规范。

八、第八条　关于工程质量、验收和保修约定

8.1　在施工过程中分下列阶段对工程质量进行联合验收：
（1）材料验收；
（2）隐蔽工程验收（包括水、电等隐蔽工程的验收）；
（3）竣工验收（包括室内环境质量验收）；
（4）其他约定的项目验收。

【解读】

本条款约定了需要联合验收的项目，这些项目是在不同的施工阶段体现的。前三条项目非常明确，第四条在法律上叫"兜底条款"，双方当事人可以根据需要随时增加。

材料验收需要分开理解。如果属于甲方购买提供的材料，甲方需要和乙方做验收交接，制作书面的交接表，该交接有两个法律意义：其一，表示材料移交的时间，如果甲方逾期提供材料，根据本合同第7.2款，工期应相应顺延而不得追究乙方违约责任；其二，对材料作合格的验收，如果验收时是完好无损的，根据合同第5.5款第（4）项，验收后的保管责任是乙方。当然，如果材料不符合环保的要求，该责任不由乙方承担，在本合同中，第3.2款约定了丙方有义务对材料检测，确保达到国家标准。这里需要注意：根据《住宅装饰装修工程施工规范》和《建筑装饰装修工程质量验收规范》的要求，部分建筑材料必须符合国家的标准，供应商需能提供合格证，如果该材料无法提供合格证的，那么乙方是否有权拒绝

接收？就这个问题，本合同没有明确规定，根据《合同法》诚实信用原则的理解，笔者认为，乙方有义务将材料的情况登记在交接单上，善意提醒甲方，并由甲方自行决定，如甲方执意要求使用的，该责任应由甲方自行承担，当然如果乙方不提醒，法律也无法追究乙方的责任。

如果属于乙方代购的材料，甲乙双方不用办理交接，但是，就材料的质量和国家标准问题，该责任应全部由乙方承担，如乙方提供的材料不符合标准的，乙方有更换的义务，并赔偿甲方的损失，同时如因此导致工期延期的，乙方还要承担逾期完工的违约责任。

隐蔽工程验收的问题。合同约定隐蔽工程主要包括水电工程，其中"水"包括水管铺设和防水工程。正常情况下，水电走位都会有设计图纸，完成铺设后，双方需要核实现场的施工是否和图纸相符，而防水工程是否达到施工规范，该规范在《住宅装饰装修工程施工规范》第六部分关于"防水工程"的要求中作了明确的规定，提到防水工程至少要做两次的蓄水试验等。隐蔽工程在验收前是不得遮掩的。

竣工验收。按合同约定，竣工验收包括室内环境的质量验收。竣工验收是整个工程的核心，如果没有竣工验收这个环节，工程意味着并没有完结，也就无法进行工程结算。

对工程验收的理解，必须明确三点：第一，如果工程经竣工验收不合格，乙方想讨要工程款的，法律不会支持；第二，如工程未经竣工验收而甲方擅自使用工程后，又以工程质量不符合约定为由主张权利的，法律不予支持；第三，如工程未经竣工验收而甲方擅自使用工程的，甲方使用日为工程竣工日。

至于验收的程序和手续，在以下的条款有提到。

如果双方对工程质量存在争议，双方都可以委托第三方进行鉴定，最终确定工程的质量。

关于其他约定项目验收的问题，因为合同未明确列明具体的项目，在此就不赘述了。

8.2　工程竣工后，乙方应通知甲方验收，并告知丙方。甲方自接到通知起_____日内组织工程验收，_____日内组织室内环境质量检测验收（根据国家标准，室内环境质量检测验收须于竣工七天以后进行），并办理验收、移交手续。如甲方（或甲方委托人）在规定时间内未能组织验收，需及时通知乙方和丙方，另定验收日期。但甲方应承认竣工日期，并承担乙方的看管费用和相关费用（看管等费用另行约定）。

当甲方接受丙方组织工程监理及环境检测单位时，丙方有义务督促相关工程监理及环境检测单位进行工程验收，并协助验收；因工程监理及环境检测单位原因造成验收延迟时，由工程监理及环境检测单位担负延迟责任。

甲方提前入住，视为验收合格，甲方应自行承担工程有关的质量问题，但乙方仍应承担合同的保修责任（详见附件8：《广东省室内装饰装修工程施工合同工程质量验收单》）。

【解读】

该条款约定了验收的程序。乙方认为工程完成施工后，第一步需要通知甲方验收，这个通知必须是书面的，最好有甲方或甲方代表的签收回执，或者快递签收单。同时还需知会丙方，当然实务中可能没有丙方存在。第二步，甲方应该在接到通知后的若干天内组织验收，具体的天数合同可以自由约定，三天、五天都可以。书面通知会留下证据，以便日后核实。如果乙方不先通知，甲方是无法组织验收的，这两个程序一定要有先后顺序；如果甲方没有按照时间组织验收的，假如最后验收合格，那么视为工程在约定的时间内完工。第三步是组织验收，如果验收合格，则办理工程移交手续，视为工程已经竣工，乙方可以根据工程量做出结算单。如果验收不合格，则需在验收单上注明不合格的工程项目和处理方式。但是，假设甲方认为不合格，乙方认为合格的，那么双方就争议部分可以申请第三方鉴定，鉴定不合格的，责任归乙方，鉴定合格的，责任则归甲方。

该条款也提到了，如甲方提前入住的，视为验收合格，甲方应自行承担工程有关的质量问题，但乙方仍应承担合同的保修责任。

【案例说明】

如果合同约定是在收到通知的三日内组织验收，乙方的通知时间是 2018 年 1 月 1 日，甲方收到通知的时间是 1 月 2 日，那么甲方需在 1 月 5 日内组织验收，如果甲方直到 1 月 10 日才组织验收，就工程验收合同的时间则视为 1 月 5 日完工。

附件 8：

广东省室内装饰装修工程施工合同工程质量验收单

日期	检验项目名称	检验结果			检验签名
		合格	不合格	补验	
整体工程验收意见					

注：

（1）分项检验评定：合格打√，不合格打 ×，补验合格打√并签名。

（2）分项检验意见记录，写在反面。

甲方代表：   乙方代表：   丙方代表：

（签章）   （签章）   （签章）

年 月 日

该验收单虽然比较简单，但非常实用，对信息表达得非常清晰。验收单具有非常强的法律效果，直接证明了工程的验收情况和质量问题。但一定要甲乙双方签名。如果有丙方的，也需要丙方签名。

8.3　甲方委托的工程监理代表与乙方应及时办理隐蔽工程和中间工程的检查与验收手续。若甲方要求复验时，乙方应按要求办理复验。如复验合格，甲方应承担复验费用，由此影响工期，责任由甲方承担；若复验不合格，其复验及返工费由乙方承担，责任由乙方承担，但工期也予以顺延。

【解读】

甲方如存在委托工程监理代表的情况，实务中一般都是甲方自己和乙方办理隐蔽工程和中间工程的检查与验收手续。所以就不存在复验的问题。就隐蔽工程，如果甲方延迟验收，必定会影响工程的进度。因此，假设甲方存在延迟，乙方应及时敦促和通知甲方，明确告知甲方需承担的风险和责任，若甲方经敦促后还不办理验收的，乙方可以继续施工。

但是，如果隐蔽工程遮掩后，甲方又以工程不合格为由提出检验的，乙方需接受检验，如果确实不合格，该责任全部由乙方承担，如果合格的，就拆补的损失和时间延误的责任全部由甲方承担。因此，无论如何，乙方必须严格按规范施工，无论甲方验收与否，都必须保证工程是合格的。

8.4　由于甲方提供的材料、设备质量不合格而影响工程质量的，其返工费用及材料费用由甲方承担，工期顺延。

【解读】

本条款约定的是甲方自购材料设备的情形，如因该材料、设备质量不合格而影响工程质量的，其返工费用及材料费用由甲方承担，工期顺延。这里就回到了笔者在解读第8.1款所提到的，如果乙方明知材料、设备存在质量瑕疵而没有善意提醒并继续使用和施工，乙方对此是否需要承担责任的问题，并没有明确的法律指引和案例支撑，笔者也就不下结论了。但从诚实信用的角度看，笔者认为如果有证据证明乙方故意隐瞒不说的，乙方应承担相应的责任。

8.5 由于乙方原因造成质量事故，其返工费用及材料费用由乙方承担，工期不顺延。

【解读】

8.5 和 8.4 是相对应的，如属于乙方原因造成质量事故，其返工费用及材料费用由乙方承担，工期不顺延。何为质量事故？例如：失火、水淹、工人受伤摔伤、天花掉落、瓷砖掉落、触电等，在施工中都可能会发生，甚至会出现伤亡事故。一旦出现，所有的责任将是由乙方承担，因此，乙方必须在施工中加强管理，避免事故的发生。

8.6 本工程自验收合格后三方签字之日起，在正常使用条件下室内装饰装修工程保修期限为_____年，有防水要求的厨房、卫生间防渗漏工程保修期限为_____年，电路工程的保修期限为_____年。同时由甲乙两方签订《广东省室内装饰装修工程施工合同工程保修协议》（详见附件9：《广东省室内装饰装修工程施工合同工程保修协议》）。

【解读】

工程的保修期是从工程验收合格之日开始计算的，视为合格的情形也是保修期的起算点。保修的期限是合同可以约定的。但需注意，如果法律对项目的保修期有明确规定的，那么合同的约定就不能低于该期限。例如《建设工程质量管理条例》第四十条明确规定防水工程最低为 5 年，那么合同就不能约定防水保修期是 3 年，但可以是 6 年。还有，该条例明确规定装修工程的最低保修期是 2 年。

该条款还约定双方需签署保修协议。

附件 9：

广东省室内装饰装修工程施工合同工程保修协议

发包人：＿＿＿＿＿＿＿

承包人：＿＿＿＿＿＿＿

公司名称		联系电话	
用户姓名		登记编号	
装修房屋地址		联系电话	
施工单位负责人		施工负责人	
进场施工日期		竣工验收日期	
保修期限		年　月　日至　年　月　日	

甲方代表：　　　　　　乙方代表：　　　　　丙方代表：

（签章）　　　　　　　（签章）　　　　　　（签章）

年　　　月　　　日

备注：

（1）凡包工包料的"双包工程"，从竣工验收之日计算，保修期为＿＿＿＿年。

（2）保修期内由于承包人施工不当造成质量问题，承包人无条件地进行维修。

（3）保修期内如属发包人使用不当造成损坏，直至不能正常使用，承包人酌情收费。

（4）本保修协议需发包人、承包人双方签字。

　　该保修协议须经甲、乙双方签名，如有丙方也需丙方签名。

注意，保修是以工程已经竣工验收合格为前提，如果没有验收或验收不合格，则不存在保修的问题。在保修期内，如果工程出现质量问题，乙方是必须履行保修义务的，并承担由此造成的损失。

例如，房屋出现漏水，是装修的原因，维修期间房屋无法使用，那么甲方为此支付的房租是需要乙方承担的。

对保修的理解还要注意一个问题：如果乙方在甲方通知后不愿履行保修责任的，甲方有权委托第三方维修，但维修前应将第三方的报价通知给乙方，如乙方不表态，甲方有权让第三方维修，并要求乙方承担由此支付的维修费，并赔偿相关的损失。

九、第九条　关于工程款结算与支付的约定

9.1　款项往来均应出具收据，施工结束乙方应开具统一发票交于甲方。

【解读】

从税务管理的层面，工程款开具发票无可厚非。但需注意，因为乙方收取的款项可能包括人工成本、材料款、管理费和利润。如果乙方支出的款项没有发票予以抵扣，那么乙方的税负成本就比较高。因此，对于乙方采购的材料和设施，乙方需供应商提供发票用于抵扣，对人工支付，可以制作工资表，现在如员工月工资超过5000元的，该员工需要缴纳个税，个税应由乙方代扣代缴。管理费也同样。随着税务管理的越加规范，装修公司应该重视和正视这个问题，不能逃避税收。

9.2　本合同生效后，丙方根据甲方书面认可分_____次，按下表约定支付工程款，尾款在保修期满后，并无发生任何工程质量问题时一次结清。

批次	拨款时间	付款比例	备 注
第一次	开工前___天	___%	如提前完工，甲方丙方应相应提前划拨相应工程款项。
第二次	工期过___% / 工程进度过___%	___%	保修期满，付清尾款。

【解 读】

　　约定工程款的支付方式，为分期支付，实务中很多装修公司都是如此操作，一般在签署合同时支付 50% 的工程款，水电完工时支付完水电的工程款，泥工完工时付清泥工的工程款和增加的工程款，木工完工时支付完木工的工程款和增加的工程款，竣工验收后付清到 95% 的工程款，留 5% 的工程款为保修金。

　　本合同约定的付款方式是基本的约定，具体约定方式还需甲乙双方协商。不过，大部分都是由装修公司说了算。

　　空格内容是指双方协调的内容。一旦协调好了，就应该填上，不要留下空格。

　　9.3　在乙方按合同约定向甲丙两方提出工程确认（阶段验收）及拨款要求后，甲方和丙方应在三个工作日内组织前期工程确认或阶段验收，并在确认或阶段验收达标后三个工作日内出具同意拨款的书面证明材料；甲方或丙方对前期工程提出异议时，应在异议解决后三个工作日内出具同意拨款的书面证明材料。

【解 读】

　　本条款是根据合同第四条第 4.1 款而设计的，在 4.1 款中约定工程款是由丙方监管的，因此该条款约定了乙方的请款程序，但实务中，这种情况是基本不存在的，都是甲方直接付款给乙方，所以没有请款的程序。

9.4　除尾款外的工程款结清后，办理移交手续（详见附件 10：《广东省室内装饰装修工程施工合同工程结算单》）。

【解读】

约定的是办理工程移交手续的条件，是付清除尾款外的工程款，否则，乙方可以此条的约定拒绝办理移交手续。

附件 10：

广东省室内装饰装修工程施工合同工程结算单

1	合同原金额	
2	变更增加值	
3	变更减少值	
4	发包人已付金额	
5	发包人结算应付金额	

甲方代表：　　　　乙方代表：　　　　丙方代表：

（签章）　　　　　（签章）　　　　　（签章）

年　　月　　日

对该结算单，如实填写即可，一旦双方签字确认，也属于合同的一种重要组成部分。

9.5　本合同工程款在存放于特约账户时所产生的利息归＿＿＿＿＿＿方所有；每批次工程款划拨手续费用由＿＿＿＿＿＿方支付。

【解读】

本条款约定的是利息和手续费的问题，在实务中一般不存在。

对该条款的理解需要明确两个非常重要的问题：

其一，因为该条约定了工程款的支付比例和条件，收取工程款是乙方最主要的合同目的，就甲方而言，如果违约了，乙方可以援引《合同法》第六十七条关于后履行抗辩权的规定，停止施工，而由此产生的逾期完工的责任由甲方承担。如果本合同约定解除合同的条件中有关于逾期付款的，那么，如果甲方逾期时间满足了解除合同的条件，乙方是有权解除合同的，并要求结算工程款和提出赔偿损失；即便合同没有约定逾期付款构成解除合同的条件，上面提到，乙方收取工程款是最基本的合同目的，在经乙方合理催告后，如甲方还不履行付款义务的，乙方也可以援引《合同法》第九十四条解除合同，并要求结算工程款和提出赔偿损失。

其二，如合同履行过程中出现工程量增加的情形，如双方就增加的工程量做了初步结算，即便双方没有签署增加工程量的协议，但甲方已经按增加的工程量付清了工程款的，那么如日后甲方拒绝承认认可增加工程量的，法院不会支持甲方的主张。

因此，乙方通过设计和控制工程款的支付比例和条件，也能说明工程量的变化情况。

十、第十条 关于材料供应的约定

10.1 本工程使用的建筑装饰材料，应为符合工程设计要求和《室内装饰装修材料有害物质限量标准》系列国家标准的合格产品，并具有法律效力的合格证书或检验报告。

【解读】

该条款讲的是总要求，工程所使用的建筑装饰材料，首先必须符合两个条件，第一是符合工程设计要求，第二是符合《室内装饰装修材料有害物质限量标准》。第一个条件是就满足工程的设计而言的，例如，工程设计的厕所是座厕，结果购买的是蹲厕，这属于不符合设计要求；第二个条件是规范，规范要求产品需符合国家标准的合格产品，并具有法律效力的合格证书或检验报告。

参照《室内装饰装修材料有害物质限量标准》，该标准是由国家质量监督检验检疫总局和国家标准化管理委员会发布的，自 2002 年 1 月 1 日起正式实施。一共包括十项国家标准，并要求从 2002 年 7 月 1 日起，市场上停止销售不符合该国家标准的产品。

十项标准分别是：《室内装饰装修材料人造板及其制品中甲醛释放限量》（GB 18580—2001）、《室内装饰装修材料溶剂型木器涂料中有害物质限量》（GB 18581—2001）、《室内装饰装修材料内墙涂料中有害物质限量》（GB 18582—2001）、《室内装饰装修材料胶粘剂中有害物质限量》（GB 18583—2001）、《室内装饰装修材料木家具中有害物质限量》（GB 18584—2001）、《室内装饰装修材料壁纸中有害物质限量》（GB 18585—2001）、《室内装饰装修材料聚氯乙烯卷材地板中有害物质限量》（GB 18586—2001）、《室内装饰装修材料地毯、地毯衬垫及地毯用胶粘剂中有害物质释放限量》（GB 18587—2001）、《混凝土外加剂中释放氨限量》（GB 18588—2001）、《建筑材料放射性核素限量》（GB 6566—2001）。

第一项《室内装饰装修材料人造板及其制品中甲醛释放限量》规定了室内装饰装修用人造板及其制品（包括地板、墙板等）中甲醛释放量的指标值、试验方法和检验规则。

第二项《室内装饰装修材料溶剂型木器涂料中有害物质限量》适用于室内装饰装修用溶剂型木器涂料，其他树脂类型和其他用途的室内装饰装修用溶剂型涂料可参照使用，但不适于水性木器涂料。

第三项《室内装饰装修材料内墙涂料中有害物质限量》规定了室内装饰装修用墙面涂料中对人体有害物质容许限值的技术要求、试验方法、检验规则、包装标志、安全漆装及防护等内容，适用于室内装饰装修用水性墙面涂料。

第四项《室内装饰装修材料胶粘剂中有害物质限量》规定了室内建筑装

饰装修用胶粘剂中有害物质限量及其试验方法，适用于室内建筑装饰装修用胶粘剂。

第五项《室内装饰装修材料木家具中有害物质限量》规定了室内使用的木家具产品中有害物质的限量要求、试验方法和检验规则，适用于室内使用的各类木家具产品。

第六项《室内装饰装修材料壁纸中有害物质限量》规定了壁纸中的重金属（或其他）元素、氯乙烯单体及甲醛三种有害物质的限量、试验方法和检验规则，主要适用于以纸为基材的壁纸。

第七项《室内装饰装修材料聚氯乙烯卷材地板中有害物质限量》规定了聚氯乙烯卷材地板（又称聚氯乙烯地板革）中氯乙烯单体、可溶性铅、可溶性镉和其他挥发物的限量；适用于以聚氯乙烯树脂为主要原料并加入适当助剂，用涂敷、压延、复合工艺生产的发泡或不发泡的、有基材或无基材的聚氯乙烯卷材地板，也适用于聚氯乙烯复合铺炕革、聚氯乙烯车用地板。

第八项《室内装饰装修材料地毯、地毯衬垫及地毯用胶粘剂中有害物质释放限量》规定了地毯、地毯衬垫及地毯胶粘剂有害物质释放限量、测试方法及检验规则，适用于生产或销售的地毯、地毯衬垫及地毯胶粘剂。

第九项《混凝土外加剂中释放氨限量》规定了混凝土外加剂中释放氨的限量，适用于各类具有室内使用功能的建筑用、能释放氨的混凝土外加剂，不适用于桥梁、公路及其他室外工程用混凝土外加剂。

第十项《建筑材料放射性核素限量》规定了建筑材料中天然放射性核素镭–226、钍–232、钾–40放射性比活度的限量和试验方法，适用于建造各类建筑物所使用的无机非金属类建筑材料，包括掺工业废渣的建筑材料。

10.2　甲方负责采购供应的材料、设备应按时供应到现场，并与乙方办理好交接手续。凡约定由乙方提货的，甲方应将提货手续移交给乙方，由甲方承担运输费用。乙方发现由甲方供应的材料、设备发生了质量问题或规格差异，应及时向甲方提出，甲方仍表示使用的，对工程造成损失，责任由甲方承担。甲方供应的材料，经组织检测验收后交乙方保管。由于乙方保管不当造成损失，由乙方负责赔偿。

【解读】

10.2 是针对甲方自行负责采购材料情形的约定。就甲方负责采购供应的材料、设备，甲方需要保证两点。第一，需要按时供应到现场，并和乙方做好交接，否则由此导致工期延误的，责任应由甲方承担，但为此乙方需做好登记，保管好交接单。第二，甲方需保证材料和设备符合 10.1 款的规定，必须符合国家标准；但是移交给乙方时，乙方需从专业的角度进行验收，发现材料、设备存在质量问题或规格偏差的，乙方需及时告知甲方，如甲方坚持使用的，则责任全部由甲方自行承担。如果乙方没有认真验收，没有发现质量问题和规格偏差，使用后发现不合格，乙方应需要承担一定的责任。

因此，乙方在接收甲方移交的材料设备时，应仔细核验，具有合格证的产品必须提供合格证，对需具有检验报告的产品，应仔细核验检验报告，否则，出了问题可能会让乙方脱不了干系。

本条款还提到，经乙方验收后的材料和设备，乙方需妥善保管，否则乙方需负责赔偿，由此导致工期延误的，责任人也是乙方自身。

10.3 甲方采购供应的装饰材料、设备均应用于本合同规定室内装修，非经甲方同意，乙方不得挪作他用。如乙方违反此规定，应按挪用材料、设备价款的双倍补偿给甲方。

【解读】

本条款强调乙方的保管责任和使用责任，就甲方提供的装饰材料、设备，只能应用于本合同规定室内装修，非经甲方同意，乙方不得挪作他用。如乙方违反此规定，应按挪用材料、设备价款的双倍补偿给甲方。

10.4 乙方负责采购的材料、设备，经组织验收后，由甲方确认备案，不符合质量要求或规格有差异，应禁止使用。若已使用，对工程造成的一切损失由乙方负责。

【解读】

本条款约定的是乙方负责采购的材料、设备的情形。就乙方采购的材料设备，乙方应组织甲方验收，验收后由甲方确认备案，不符合质量要求或规格有差异，应禁止使用。若已使用，对工程造成的一切损失由乙方负责。该损失包括工期逾期的损失、返工的损失等。

10.4款看似简单，但该条款对乙方的专业性考量却非常高。首先，乙方必须熟悉国家的规范标准，对装饰装修材料和设备必须详细了解其中的要求；其次需要具有非常强的责任心，发现问题应及时通知甲方；第三需要有很强的法律保护意识，知道保留证据，避免日后发生争议。

【案例说明】

例如，就甲方自行采购的材料和设备，如果不符合标准的，移交时乙方不专业，并没有发现，或没有及时告知甲方而正常使用了。工程完成后，验收时甲方对工程质量提出异议，委托鉴定后确实不合格的，即便是甲方自购的材料，只要该工程质量不合格，倒霉的肯定就是乙方。笔者以前处理过类似的案件，最后法院判定装修公司承担责任，甲方当时的抗辩理由是这样的：乙方作为一个专业的从事室内装饰装修的公司，其对材料和设备的质量把控应该更专业更严格，甲方是一般的消费者，其专业领域的知识肯定不及乙方，注意程度也不及乙方，基于对乙方专业能力的信任，甲方才选择将工程委托给乙方施工，如果乙方忽视了其注意义务，乙方是存在过错的，如果乙方不具备专业能力，更是存在欺诈。

十一、第十一条　有关安全施工和防火的约定

11.1　甲方提供的施工图纸或施工要求说明，应符合《中华人民共和国消防条例》和有关防火设计规范。

【解读】

第 11.1 款是对甲方的要求，如果施工图纸是甲方提供的，该图纸设计必须符合消防条例和有关防火设计的规范。

室内装饰关于防火设计规范有如下规定。

（1）首先需要明确：《中华人民共和国消防条例》（以下简称《条例》）是于 1984 年 5 月 13 日国务院公布的。但是在《中华人民共和国消防法》（以下简称《消防法》）自 1998 年 9 月 1 日起施行后，该条例就同时废止了，也就是说条例被消防法取代了，对这条的理解，现在就需要以消防法为准了。现在的《中华人民共和国消防法》是在 2008 年 10 月 28 日第十一届全国人民代表大会常务委员会第五次会议修订，自 2009 年 5 月 1 日起施行。

（2）条例第五条曾规定：新建、扩建和改建工程的设计和施工，必须执行国务院有关主管部门关于建筑设计防火规范的规定。现在消防法第九条规定：建设工程的消防设计、施工必须符合国家工程建设消防技术标准。建设、设计、施工、工程监理等单位依法对建设工程的消防设计、施工质量负责。比对这两条的规定，消防法的规定更加细致了，并提到设计、施工单位必须对设计和施工质量负责。

（3）该条款约定的是如果是甲方提供的图纸，那么消防设计的责任就应该由甲方承担，同理，如果是乙方提供的图纸，乙方必须对此负责。

11.2　乙方在施工期间应严格遵守《建筑安装工程安全技术规程》《建筑安装工人安全操作规程》《中华人民共和国消防条例》和其他相关的法规、规范。

【解读】

主要是针对乙方的施工规程所提的要求，其一是安全要求，其二是消防要求。

（1）关于条款列明的几个法律问题：

①《建筑安装工程安全技术规程》是 1956 年 5 月 25 日国务院全体会议第二十九次会议通过，但是在 2008 年 1 月 15 日《国务院关于废止部分行政法规的决定》

中，该规程已经废止，已经被 1997 年 11 月 1 日中华人民共和国主席令第 91 号公布的《中华人民共和国建筑法》、2002 年 6 月 29 日中华人民共和国主席令第 70 号公布的《中华人民共和国安全生产法》、2000 年 1 月 30 日中华人民共和国国务院令第 279 号公布的《建设工程质量管理条例》、2003 年 11 月 24 日中华人民共和国国务院令第 393 号公布的《建设工程安全生产管理条例》所代替。因此，现在分析本条款时，就该规程的内容，必须以取代该规程的法律法规为准。

②《建筑安装工人安全操作规程》应该是《建筑安装工人安全技术操作规程》。该规程是 1980 年 5 月 20 日国家建筑工程总局颁发的。

③《中华人民共和国消防条例》前面已经讲到已经由消防法所取代。

（2）在前两个规范中，明确提出了施工现场的安全管理规范，例如在《建筑安装工程安全技术规程》第七条规定：在建筑安装过程中，如果上下两层同时进行工作，上下两层间必须设有专用的防护棚或者其他隔离设施；否则不许工人在同一垂直线的下方工作。虽然该规程已经废止，但有些规程的要求却还适用，在其他的法律文件中《建筑安装工人安全技术操作规程》第三条明确规定：正确使用个人防护用品和安全防护措施。进入施工现场，必须戴安全帽，禁止穿拖鞋或光脚。距地面 3 米以上作业要有防护栏杆、档板或安全网。安全帽、安全带、安全网要定期检查，不符合要求的，严禁使用。

就消防的要求，在消防法第二十六条规定：建筑构件、建筑材料和室内装修、装饰材料的防火性能必须符合国家标准；没有国家标准的，必须符合行业标准。另外对施工现场的防火管理，对易燃易爆材料（油漆）需要进行规范管理等方面，在施工规范方面也有明文规定。

可见，规范对施工现场的管理和人员的要求是有明确的规定的，如果乙方不熟悉这些规范要求，那么就无法对工地和员工进行有效管理。

这些要求的目的就是确保工程质量和安全。安全是指施工安全，避免事故发生，保证员工生命和财产不受损害。

以上这些，在本合同 2.1 款列明的 GB 50327—2001《住宅装饰装修工程施工规范》中也有类似的规定。这些规范都是乙方必须掌握的基本知识。

11.3 由于乙方在施工生产过程中违反有关安全操作规程、消防条例，导致发生安全或火灾事故，乙方应承担由此引发的一切经济损失。

【解 读】

主要规定责任承担。如果在施工现场出现安全事故和消防事故，乙方是需要承担全部责任的，该责任范围可能包括刑事责任、民事赔偿责任和行政处罚责任。

具体的法条规定（部分列举）：

（1）《中华人民共和国刑法》第一百三十四条规定：工厂、矿山、林场、建筑企业或者其他企业、事业单位的职工，由于不服管理、违反规章制度，或者强令工人违章冒险作业，因而发生重大伤亡事故或者造成其他严重后果的，处三年以下有期徒刑或者拘役；情节特别恶劣的，处三年以上七年以下有期徒刑。

第一百三十七条规定：建设单位、设计单位、施工单位、工程监理单位违反国家规定，降低工程质量标准，造成重大安全事故的，对直接责任人员，处五年以下有期徒刑或者拘役，并处罚金；后果特别严重的，处五年以上十年以下有期徒刑，并处罚金。

（2）《中华人民共和国安全生产法》第一百零九条规定：发生生产安全事故，对负有责任的生产经营单位除要求其依法承担相应的赔偿等责任外，由安全生产监督管理部门依照下列规定处以罚款：①发生一般事故的，处二十万元以上五十万元以下的罚款；②发生较大事故的，处五十万元以上一百万元以下的罚款；③发生重大事故的，处一百万元以上五百万元以下的罚款；④发生特别重大事故的，处五百万元以上一千万元以下的罚款；情节特别严重的，处一千万元以上二千万元以下的罚款。

（3）《建设工程质量管理条例》第六十九条规定：违反本条例规定，涉及建筑主体或者承重结构变动的装修工程，没有设计方案擅自施工的，责令改正，处50万元以上100万元以下的罚款；房屋建筑使用者在装修过程中擅自变动房屋建筑主体和承重结构的，责令改正，处5万元以上10万元以下的罚款。

有前款所列行为，造成损失的，依法承担赔偿责任。

（4）《中华人民共和国侵权责任法》。

第四条规定：侵权人因同一行为应当承担行政责任或者刑事责任的，不影响依法承担侵权责任。因同一行为应当承担侵权责任和行政责任、刑事责任，侵权人的财产不足以支付的，先承担侵权责任。

第六条规定：行为人因过错侵害他人民事权益，应当承担侵权责任。

从本条的解读，希望施工方明白自己的责任。消防安全无小事，责任重于泰山。不要因一个施工合同让自己遭受牢狱之灾。

十二、第十二条　违约责任及奖励约定

12.1　一方当事人未按约定履行合同义务给他方造成损失的，应当承担赔偿责任；因违反有关法律法规受到处罚的，最终责任由责任方承担。

【解读】

本条款是对双方的要求，约定双方均应按合同履行义务，否则如因给对方造成损失的，应负赔偿责任。

《中华人民共和国合同法》第一百零七条规定：当事人一方不履行合同义务或者履行合同义务不符合约定的，应当承担继续履行、采取补救措施或者赔偿损失等违约责任。

《合同法》第二百八十三条的规定：发包人未按照约定的时间和要求提供原材料、设备、场地、资金、技术资料的，承包人可以顺延工程日期，并有权要求赔偿停工、窝工等损失。

第二百八十四条的规定：因发包人的原因致使工程中途停建、缓建的，发包人应当采取措施弥补或者减少损失，赔偿承包人因此造成的停工、窝工、倒运、机械设备调迁、材料和构件积压等损失和实际费用。

上述合同法的规定比本条的约定更加清晰，出现上述情况，本条都是适用的；但是，如果守约方因对方违约，要求对方承担赔偿责任时，守约方需要完成两方面的举证：第一是对方存在违约，第二是因对方违约造成自己的损失。如果无法完成举证，法律上也是很难得到支持的。

该款后半句还约定，如因违反有关法律法规受到处罚的，最终责任由责任方承担。例如：在合同4.5款约定了甲方禁止的行为，例如第（5）项提到甲方不得强令乙方违章作业施工，如因此导致乙方受罚的，最终责任应由甲方承担。这半句话对这种情形是适用的。

12.2　一方当事人无法继续履行合同的，应及时通知其他两方，并由责任方承担因合同解除而造成的损失。

【解读】

约定一方当事人无法继续履行合同的，应及时通知其他两方，并由责任方承担因合同解除而造成的损失。

对此，需要理解《合同法》的相关规定。

（1）《合同法》第二百六十八条规定：定作人可以随时解除承揽合同，造成承揽人损失的，应当赔偿损失。就是说，甲方是有权随时解除合同的，但因此造成乙方损失的，应当予以赔偿。

但按照本条的理解，如果乙方也无法继续履行合同时，乙方也应及时通知对方，并承担相应的责任。此类情况见《合同法》第一百零八条的规定：当事人一方明确表示或者以自己的行为表明不履行合同义务的，对方可以在履行期限届满之前要求其承担违约责任。

（2）《合同法》第一百一十九条规定：当事人一方违约后，对方应当采取适当措施防止损失的扩大，没有采取适当措施致使损失扩大的，不得就扩大的损失要求赔偿。当事人因防止损失扩大而支出的合理费用，由违约方承担。

从该条的规定可知，如果任何一方提出无法继续履行合同时，受通知方均应按诚实信用原则，采取适当措施，避免损失扩大。例如，乙方通知甲方无法继续履行合同的，甲方应该及时委托其他装修公司完成施工，不得听之任之，而主张逾期完工的违约责任。如半途委托第三方导致工程款成本增加的，该差价是可以向乙方主张的。

12.3 甲方无正当理由未按合同约定期限同意划拨每批次工程款，每延误一日，应向乙方支付迟延部分工程款千分之_____的违约金。

【解读】

本条款约定的是甲方逾期付款的责任，也约定了违约金标准。

12.4 由于乙方责任延误工期的，每延误一日，应向甲方支付本合同工程造价金额千分之_____的违约金。

【解读】

本条款约定乙方逾期完工的责任，也约定了违约金标准。

对以上两个条款的理解需要明白以下原则：

（1）根据公平原则，签署合同时，应该预见到双方的违约都是具有可能性的，既然都是按日来约定违约金，那么违约金的标准就应该是对等的。12.3 款约定的是千分之几，12.4 款也应该同等约定。

（2）逾期付款或逾期完工都属于违约的情形，和 12.1 款的约定情形是一样的，但 12.1 款只约定应赔偿对方损失，并没有约定具体违约金金额；因此就逾期完工和逾期付款的具体违约情形，应优先适用 12.3 款、12.4 款，除此以外的违约，则不适用该条款，只能适用 12.1 款。

（3）如果约定了违约金标准，则无需证明自己的损失范围，和 12.1 款的举证责任范围是不一样的。

（4）需要理解《合同法》第一百一十四条第二款（约定的违约金低于造成的损失的，当事人可以请求人民法院或者仲裁机构予以增加；约定的违约金过分高于造成的损失的，当事人可以请求人民法院或者仲裁机构予以适当减少）和《合同法》司法解释。第二十九条第二款（当事人约定的违约金超过造成损失的百分之三十的，一般可以认定为合同法第一百一十四条第二款规定的"过分高于造成的损失"），根据规定，即便约定了违约金，如果过高或者过低，守约方都可以主张调整。调整依据就是自己的损失。也就是说，如因对方违约导致自己损失非常大，约定的违约金不足以弥补损失时，可以主张调整违约金。

（5）需要理解关于答辩权的运用。《合同法》第六十七条规定：当事人互负债务，有先后履行顺序，先履行一方未履行的，后履行一方有权拒绝其履行要求。先履行一方履行债务不符合约定的，后履行一方有权拒绝其相应的履行要求。

就是说，如果甲方付款义务在先，甲方未履行付款义务的，乙方有权拒绝施工，这就是抗辩权，抗辩权不构成违约，但是行使抗辩权的一方需要做好取证工作，不要被对方拖入圈套，而被认定为构成违约。

12.5 丙方无正当理由未按合同约定期限同意划拨每批次工程款，每延误一日，应向乙方支付迟延部分工程款千分之_____的违约金；丙方无正当理由未按约定同意甲方提取工程结余款，每延误一日，应向甲方支付结余款千分之_____的违约金。

【解读】
是对丙方的约束，实务中可能不会出现此情形，如果想要理解，从上述对12.3 款、12.4 款的解读中也能理解。

12.6 开工后，甲方提出提前完工的要求，乙方遵照甲方需求，在保证施工质量的前提下，每提前一天，甲方应奖励乙方人民币_____元。

【解读】
本条款是指甲方要求提前完工的情形，约定如提前完工应给予奖励。如果一旦约定，便是有效的，因为提前完工会增加乙方的负担，当然，最终还是双方达成一致的结果，一旦约定，对双方就具有约束力。但是，如果乙方接受提前完工的要求，签署协议同意在合同约定的工期前完工，如果逾期，也会构成违约，甲方可以要求乙方按 12.4 款承担违约责任。

十三、第十三条　争议或纠纷处理

13.1　甲乙两方因本合同引起的或与本合同有关的任何争议，经甲乙双方同意，可由丙方进行调解，或提请其他个人或组织调解。

【解读】

本条款约定的是如甲乙双方发生争议，可以委托丙方或第三方调解，如果调解成功，便化解了争议。如果不成功，双方可以通过其他法律途径处理。

13.2　本合同在执行中发生的任何争议，调解不成时，选择以下第＿＿＿种解决方式：
（1）提请＿＿＿＿＿＿＿＿仲裁委员会仲裁；
（2）依法向人民法院提起诉讼。

【解读】

从 13.2 款约定可见，合同约定了两种解决方式，供甲乙双方选择，一种是通过仲裁委员会仲裁处理，一种是向法院提起诉讼。

（1）先理解关于仲裁的规定：对于仲裁的法律规定，我国有专门的《仲裁法》予以规定，对仲裁的理解，需要把握以下几点：

①仲裁的适用范围。根据仲裁法第二条规定，平等主体的公民、法人和其他组织之间发生的合同纠纷和其他财产权益纠纷，可以仲裁。本合同属于仲裁法的适用范围，可以由合同当事人约定仲裁裁决处理。

②自愿原则和明确约定原则。根据仲裁法第四条和第五条的规定：当事人采用仲裁方式解决纠纷，应当双方自愿，达成仲裁协议。没有仲裁协议，一方申请仲裁的，仲裁委员会不予受理。当事人达成仲裁协议，一方向人民法院起诉的，人民法院不予受理，但仲裁协议无效的除外。

③一裁终局制。根据仲裁法第九条，仲裁实行一裁终局的制度。裁决做出后，

当事人就同一纠纷再申请仲裁或者向人民法院起诉的，仲裁委员会或者人民法院不予受理。法院审判遵循的是二审终审制，对一审判决不服的，可以提起上诉，而仲裁裁决是不可以上诉的。

④仲裁不实行级别管辖和地域管辖。根据仲裁法第六条，仲裁没有级别管辖和地域管辖的问题，合同当事人选定了哪家仲裁委员会就由哪家来仲裁。不像法院，虽然法院也有约定管辖的说法，但不得违反级别管辖和专属管辖。例如不能就一个 10 万元的案件约定由最高人民法院来审理。

（2）由法院管辖的问题。

①从以上解读中了解到，如果约定仲裁，是必须有明确约定的。但是如果打算由法院管辖处理，则可以不用约定的，不约定就等于是选择由法院处理。

②合同纠纷是可以约定管辖法院的。民事诉讼法第三十四条的规定：合同或者其他财产权益纠纷的当事人可以书面协议选择被告住所地、合同履行地、合同签订地、原告住所地、标的物所在地等与争议有实际联系的地点的人民法院管辖，但不得违反本法对级别管辖和专属管辖的规定。

结合合同条款约定，该约定只是指"依法向人民法院提起诉讼"，并没有约定具体由哪个法院管辖。在实务中，法院会将装饰装修合同纠纷认定为"不动产纠纷"；根据民诉法第三十三条的规定：因不动产纠纷提起的诉讼，由不动产所在地人民法院管辖。

因此，装饰装修合同是不适用约定管辖的，都由工程所在地人民法院管辖。

十四、第十四条 其他约定

14.1 乙方不具备营业资格或相应资质的，甲方有权终止本合同，乙方应当立即返还甲方已支付的费用，并赔偿甲方损失。

【解读】

是对乙方的市场资格和资质的要求约定，如乙方不具备营业资格或相应资质的，甲方有权终止本合同；如果甲方终止合同的，乙方应当立即返还甲方已支付的费用，并赔偿甲方损失。

对该条款理解还包括，该条款的法律意义是关于"合同解除权"的约定，根据合同法的规定，如果双方在合同约定了合同解除条件的，在条件成立时，享有合同解除权方是有权解除合同的。本条约定的就是甲方享有合同解除权的条件。如确实是乙方没有营业执照或相应资质证书的，属于乙方违约；另外，在本合同封二《说明》也提到乙方应具备相应的资质要求。

14.2　施工期间，若甲方或丙方发现乙方违规施工或有其他违反合同的行为时，有权要求乙方暂时停工，与乙方交涉，要求返工或作相应补救措施，情节严重时，甲方有权终止合同。施工期间，甲方无正当理由阻止工程施工，或拒绝按约定支付工程款项，经乙方交涉无果时，乙方有权中止合同。

【解 读】

此条款涉及两个法律问题，一种是轻微的违约行为，另一种是严重违约导致行使合同解除权的问题。

第一个问题中，如甲方发现乙方存在违约，甲方是有权要求乙方暂时停工，并要求返工或作相应补救措施的；

第二个问题中，又规定了双方具有的合同解除权。其中甲方的合同解除权是针对乙方违约且情节严重的情况，甲方有权终止合同；乙方的合同解除权是针对甲方存在无正当理由阻止工程施工，或拒绝按约定支付工程款项，经乙方交涉无果的情形。

对合同解除权的理解还要注意两个问题：1、根据合同法第九十五条，合同解除权的行使必须在规定时限内行使，如逾期行使的，则丧失合同解除权。该时限可以在合同中约定，但是本合同是没有约定的。如果没有约定的，则参照《最高人民法院关于审理商品房买卖合同纠纷案件适用法律若干问题的解释》第十五条第二款的规定：解除权应当在解除权发生之日起一年内行使。2、行使合同解除权应书面通知对方，一旦通知，即刻解除；不通知则不发生解除后果。

14.3 施工期间，甲方将门钥匙壹把交给乙方保管；工程竣工验收后，乙方应将门钥匙交还给甲方。

【解 读】

关于保管钥匙的规定，合同有明确约定，就应该按合同行使，但必须做好钥匙的移交。

14.4 工程竣工经丙方验收合格交付甲方使用后，甲方在保修期后使用过程中再发生任何质量的问题，乙方不再承担质量责任；但乙方可优先为甲方提供有偿维修服务。

【解 读】

关于保修期届满后的质量问题，按约定，保修期届满后，即便出现质量问题，该责任人已经不属于乙方，如甲方需要乙方维修的，乙方有权收取费用。

14.5 其他补充约定：
（1）_____。
（2）_____。

【解 读】

如果在本条款中填写了内容，该内容对双方是具有法律约束力的。

十五、第十五条　附则

15.1　本合同经甲、乙、丙三方签字（盖章）后生效。除保修条款之外的其他条款，在工程验收、交接完毕，甲方支付相应款项后自动终止；保修期满，甲方支付保修对应尾款后有关保修条款终止。合同文本一式三份，甲、乙、丙三方各执一份。

【解读】

本条款是指合同生效的条件，自甲乙丙三方签字（盖章）后生效。需要注意，如果一方没有签名或盖章，而合同已经实际履行，对方也已经接受和合同服务的，该合同是一样有效的。该款还约定了合同自动终止的条件，即工程验收完毕并已经交付，工程款也已经结清，这时候合同已经履行完毕了，履行完毕的合同不存在解除的问题。

15.2　本合同签订后工程不得转包。

【解读】

本条款强调工程不得转包。转包是指将整个工程转手给其他人施工。分包是将工程分项转给多个承包人分项施工。

就分包事宜，《合同法》第二百七十二条提到，如果分包须经发包人同意，并且要求分包人具有相应的资质。可见，法律并不禁止分包。类似的规定在《建筑法》第二十九条也可以看到。

就转包事宜，无论是《合同法》第二百七十二条还是《建筑法》第二十八条，对此都是明文禁止的。因此，乙方对此需要明确理解。

15.3 本合同附件为本合同的有效组成部分，经三方签字（盖章）后生效，具同等法律效力。

【解 读】

本合同附件是本合同的有效组成部分，具体同等的法律效力，但还需明确，附件也需合同当事人一并签署。

甲方（盖章）：_____

法定代表人（签字）：_____

委托代理人（签字）：_____

_____年_____月_____日

乙方（盖章）：_____

法定代表人（签字）：_____

委托代理人（签字）：_____

_____年_____月_____日

丙方（签章）：_____

法定代表人（签字）：_____

委托代理人（签字）：_____

_____年_____月_____日

第二章

装饰装修工程施工合同典型案例

第一节　超出合同范围的增项工程量如何才被认定

【基本案情】

2018 年 7 月 29 日，星某装饰公司和邓某签订《装饰装修工程施工合同书》。合同约定，邓某将"××私房菜"发包给星某装饰公司施工；施工工期为 2018 年 7 月 29 日至 2018 年 9 月 2 日；工程造价为 300,000 元；在施工过程中，邓某有权对原设计进行改动或对施工项目进行变更，所产生的增项费用及减项费用应当在下次付款时一并计算，未经邓某同意，星某装饰公司私自改动增加项目所产生的费用，邓某有权拒付工程款；工程自验收合格后双方签字确认之日起，在正常使用条件下室内装饰装修工程保修期限为两年，隐蔽工程保修期限为五年；合同尾部手写备注实际价格以 300,000 元为准，并将施工范围进一步明确。该合同另有附件《平面布置图》、《××装修设计预算清单》，在清单尾部再次备注以 300,000 元为准，并经双方签字确认。

施工过程中，邓某表示该增的增该减的减，可予据实结算。即工程总价 300,000 元及减项金额 6.6 万元邓某向星某装饰公司支付了 213,800 元，还剩下工程款 20,066 元。案涉工程如期完工，邓某于 2018 年 9 月 15 日开张营业。2018 年 9 月 18 日，星某装饰公司向邓某发出关于××私房菜装饰装修工程决算的通知，表明因该项目部分施工为了配合消防验收需要且经邓某指示后进行部分修改，现将该项目增减工程量汇总，请邓某于收到后三日内书面确认回复。邓某 2018 年 9 月 19 日收到通知后并于 2018 年 9 月 22 日回复星某装饰公司，表明通知内容不属实，增项部分因未经邓某同意，由星某装饰公司单方制作，表示不予认可，但对减项部分表示无异议。

星某装饰公司起诉请求：邓某应支付星某装饰公司工程款余款 20,066 元，为增加的工程量工程款。

【法院审理】

星某装饰公司无相应资质承包案涉工程，违反法律的效力性禁止性规定，故星某装饰公司、邓某所签合同当属无效，但并不妨碍星某装饰公司在案涉工程经竣工验收合格后请求参照合同约定支付工程价款。案涉工程完工后，双方虽未经竣工验收后签字确认程序，但邓某实际已于2018年9月15日使用，可视质量合格，以该日为竣工之日。

关于案涉工程价款及邓某已付金额。双方对于工程总价及减项金额均无异议，法院予以确认，即工程总价300,000元及减项金额66,134元。对于星某装饰公司所主张的增项金额，从星某装饰公司提供的其单方制作的清单来看，是否存在本身存疑；即使真实存在，在邓某不予认可，星某装饰公司主张也欠缺合同约定，增项须经邓某同意的书面合同；再退一步而言，即使邓某同意增项，也非星某装饰公司单方结算所决定。因此，法院对星某装饰公司该主张无从支持。

【法院判决】

邓某应于判决生效后十日内支付星某装饰公司工程款人民币20,066元。

【律师点评】

本案主要涉及五个法律知识点：

（1）关于施工资质的问题：根据《中华人民共和国建筑法》第十二条，施工单位必须具备相应资质，《建设工程质量管理条例》第七条也提到，承包工程单位必须具有相应资质；《全国室内装饰企业资质管理办法》第二章第九条规定了各类室内装饰施工企业施工资质分级标准。

（2）关于合同无效的法律规定：《最高人民法院关于审理建设工程施工合同纠纷案件适用法律问题的解释》第一条规定：建设工程施工合同具有下列情形之一的，应当根据《合同法》第五十二条第（五）项的规定，认定无效：（一）承包人未取得建筑施工企业资质或者超越资质等级的……

本案中，因星某装饰公司无相应资质承包案涉工程，审理法院适用该法直接认定施工合同无效。

（3）关于合同无效的处理方式：《最高人民法院关于审理建设工程施工合同纠纷案件适用法律问题的解释》第二条明确规定：建设工程施工合同无效，但建设工程经竣工验收合格，承包人请求参照合同约定支付工程价款的，应予支持。因此，即便施工合同被认定无效，并不影响双方关于工程款的结算。

（4）关于竣工验收的规定：《最高人民法院关于审理建设工程施工合同纠纷案件适用法律问题的解释》第十三条规定：建设工程未经竣工验收，发包人擅自使用后，又以使用部分质量不符合约定为由主张权利的，不予支持。

本案中，案涉工程完工后，双方虽未经竣工验收后签字确认程序，但邓某实际已于 2018 年 9 月 15 日使用，可视质量合格，以该日为竣工之日。

（5）关于增加工程量的约定：因为双方合同约定，如涉及增加工程量的，需经邓某签名确认，未经邓某同意，视为星某装饰公司私自改动增加项目，由此所产生的费用，邓某有权拒付工程款。

本案中，无论是否有真实增加工程量，如未经邓某同意，邓某是有权拒付该部分的工程款的。法院也依此驳回了原告星某装饰公司该部分的诉求。

律师建议：在签署和履行合同过程中，双方首先要审查合同条款，同意后严格依据合同履行各自义务；如本案中，星某装饰公司确实存在增加工程量但又未及时取得邓某的认可的，最终发生争议，星某装饰公司的权益无法得到法律保障。

第二节　工程质量验收不等于工程量作了结算

【基本案情】

2014 年 8 月 10 日，广某装饰公司与某房地产公司签订《某楼盘 B2、E2 户型住宅装饰工程施工合同》，对 B2、E2 户型住宅装饰工程委托乙方施工。本工程含税总造价暂定为 2,549,749.69 元，实际工程造价以工程竣工验收实际数量结合含税综合单价计算为准。本工程乙方必须在 2014 年 12 月 10 日前完成全部工程项目，并按合同要求交付甲方使用。

双方对案涉工程的工程量无异议，且某房地产公司确认存在工程量增加的事实。本案涉及两部分工程量：一为《施工合同》约定的工程量，该部分工程量对应的合同造价为人民币 2,549,749.69 元，二为《补充协议》约定的工程量即增加工程部分的工程量，该部分工程量对应的合同造价为人民币 215,464 元，合计总造价为人民币 2,765,214 元。

广某装饰公司、某房地产公司签订上述合同之后，广某装饰公司于 2014 年 8 月 24 日进场施工。在施工过程中某房地产公司按广某装饰公司要求共支付 2,158,349.56 元。

广某装饰公司起诉请求：1、某房地产公司向广某装饰公司支付剩余工程款 606,863.43 元及利息（按中国人民银行同期贷款利率自 2016 年 4 月 3 日起计算至实际付清工程款之日止，暂计算至 2017 年 9 月 5 日的利息为 41,717.69 元）；2、某房地产公司承担本案全部诉讼费用。

广某装饰公司陈述：1、B2 户型的装修工程竣工时间是 2015 年 9 月 10 日，于 2015 年 9 月 15 日验收并交付某房地产公司使用；E2 户型的装修工程竣工时间是 2015 年 9 月 18 日，于 2016 年 4 月 2 日验收并交付给某房地产公司使用。2、涉案工程存在增加工程量，不存在减少工程量的情形。3、广某装饰公司交付 B2、E2 样板房的钥匙给某房地产公司之后，整个工程都由某房地产公司监管，由于某房地产公司后来又增加了工程量，广某装饰公司才在交付房屋后对涉案工程的增加工程量进行了施工。4、某房地产公司于 2015 年 12 月 1 日支付的工程款 172,371 元就是《补充协议》中增加工程量造价部分的 80%。5、涉案工程实际造价是 2,765,214 元，该金额是合同约定的价款及《补充协议》约定的增加工程造价的合计数，该实际造价与某房地产公司确认签署的两份《工程竣工验收报告》记载的金额一致，某房地产公司并没有提出异议。

某房地产公司陈述：1、某房地产公司不认可广某装饰公司关于涉案工程造价为 2,765,214 元的主张，涉案工程至今仍未结算；而且涉案工程一直没有竣工，没有验收通过，也没有交付使用；2、广某装饰公司的项目经理谭某在 2016 年 1 月 29 日向某房地产公司出具承诺书承诺对涉案工程进行整改，但一直未完成。3、某房地产公司并未拖欠广某装饰公司工程款，根据合同约定，涉案工程结算后方支付工程余款，因此在涉案工程未结算之前，某房地产公司只需支付合同约定价款的 80% 即 203 万元左右的工程价款给广某装饰公司，目前某房地产公司已支付超过 10 万元的工程款，因此不存在拖欠工程款的问题。

【法院审理】

关于广某装饰公司要求某房地产公司支付工程款的主张能否成立的问题。

首先，广某装饰公司要求某房地产公司支付案涉工程款及利息，认为某房地产公司签署《工程竣工验收报告》的行为构成对案涉工程总造价的确认，但某房地产公司并不认同广某装饰公司的该主张。从《工程竣工验收报告》的内容看，其目的仅是用于案涉工程的竣工验收，并非对案涉工程进行结算，并不能因某房地产公司在该报告上盖章就视为对案涉工程总造价的确认，就《工程竣工验收报告》而言，某房地产公司就盖章行为做出的解释更为合理。且案涉合同明确约定，案涉工程的结算须广某装饰公司向某房地产公司提交竣工图及竣工验收合格单、设计变更单、联系单及现场签证单、甲方签字同意结算的申请报告、乙方结算书及其他相关资料等结算资料，但广某装饰公司并未提供证据证明其已经向某房地产公司提交上述资料申请结算，故其以《工程竣工验收报告》经过某房地产公司确认为由主张工程款，依据不足，本院不予支持。

其次，广某装饰公司主张，案涉工程价款结算条件已成就，可直接根据其提交的《施工合同》《补充协议》《工程竣工验收报告》以及付款记录对案涉工程造价做出认定，但即使案涉工程价款结算条件已成就，广某装饰公司仍应当向某房地产公司提出结算申请，但某房地产公司表示不同意结算。而《施工合同》仅约定了暂定价，并非为固定造价，最终实际工程造价仍应以工程竣工验收实际数量结合综合单价计算确定，故并不能仅凭双方约定来确定案涉工程的最终造价。至于《工程竣工验收报告》前述已经认定不能作为认定案涉工程最终造价的依据。因此，广某装饰公司经释明后不申请造价评估，而导致案涉工程的实际造价未能确定的法律后果，应当由广某装饰公司来承担。

【法院判决】

驳回广某装饰公司的全部诉讼请求。

【律师点评】

（1）根据《中华人民共和国民事诉讼法》第六十四条和《最高人民法院关于民事诉讼证据的若干规定》第二条，原告就自己的诉求有责任提供证据予以证明，否则需承担举证不能的法律后果。本案中，原告广某装饰公司主张被告某房地产公司拖欠工程款未能付清，则需提供证据证明其已根据合同约定完成总工程的价值，证明原告广某装饰公司已付的工程款、尚欠的工程款金额；同时还需证明去追讨的工程款已经满足支付条件，是被告某房地产公司原因未能支付。

（2）就工程总价款的问题，本律师认同法院的观点，《工程竣工验收报告》仅能证明案涉工程通过了竣工验收，并非对案涉工程进行结算，并不能依此推论被告认可案涉工程总造价。

（3）对于工程量结算的问题，在案涉合同应有约定，如被告某房地产公司拒绝结算的，原告广某装饰公司可以依据合同，并结合《最高人民法院关于审理建设工程施工合同纠纷案件适用法律问题的解释》等相关法律规定向法院提出主张。

第三节 工程预算不等于工程结算

【基本案情】

2015 年 11 月 6 日，乔某装饰公司与卢某签订《装饰装修施工合同》，约定由乔某装饰公司以包工包料方式为卢某所有的位于 × 市某楼盘 2804 号房屋提供装饰装修服务，工期 90 天，工程总预算款为 51,000 元，合同签订后付 35％约为 18,000 元，水电瓦工工程结束付 30％约为 15,000 元，木工油漆工程结束付 30％约为 15,000 元，所有工程结束付清全部剩余款项。合同生效后，双方应履行合同所规定的各项条款，不得擅自变更或解除，否则违约方向对方支付工程预算总价的 10％的违约金；若一方原因造成逾期竣工，则每逾期一天向对方支付 100 元。合同中还就施工内容和工期变更、工程质量及竣工验收办法、工程保修等做出具体约定；合同附有相应预算表。

2015 年 11 月 11 日，卢某共向乔某装饰公司付款 18,000 元。2016 年春节前，乔某装饰公司收到卢某"二期工程款"12,000 元。在实际装修过程中，部分项目进行了变更，乔某装饰公司、卢某双方在各自持有的合同所附预算清单上进行了记录。乔某装饰公司庭审中表述与卢某没有办理工程竣工验收及交接手续，卢某自认乔某装饰公司于 2016 年 5 月底将装修完毕的房屋向其交付，其于 2016 年 6 月 30 日实际入住。2016 年 9 月 1 日，乔某装饰公司以经多次催要卢某未能支付工程款为由提起诉讼。

乔某装饰公司起诉请求：卢某立即支付拖欠的装修款 21,000 元，并承担违约金 5,100 元，共计 26,100 元。

【法院审理】

案涉合同约定的价款为"工程总预算款"，双方当事人至今未对装饰装修工程进行最终决算，乔某装饰公司依据约定预算价款向卢某主张工程款，卢某不予认可，双方就工程量增减发生争议。当事人因工程发生设计变更等因素导致已完工的实际工程量增减存在争议的，应当根据双方在撤场交接时的交接记录及相关监理材料、施工资料等文件予以确认，不能确定的，乔某装饰公司应当对实际工程量增减的原因、数量等事实承担举证责任。乔某装饰公司提供的现有证据不能确认实际工程量增减额度是多少，故无法确定卢某应当支付乔某装饰公司工程款具体数额。

【法院判决】

驳回乔某装饰公司的诉讼请求。

【律师点评】

本案焦点是被告卢某是否拖欠原告乔某装饰公司工程款的问题。就此，原告乔某装饰公司有责任举证证明被告卢某存在拖欠工程款的行为和具体欠款金额。但从本案原告乔某装饰公司的举证看，原告乔某装饰公司证明被告卢某尚欠工程款的主要依据的是"工程总预算款"；工程总预算款属于合同预算的金额，并不直接等于实际完工的工程款；加之，本案涉工程双方并未最终结算，原告乔某装饰公司实际完工的工程款是不明确的。

最终法院根据举证责任分配原则，认为原告乔某装饰公司的证据不能确认实际工程量增减额度是多少，从而无法确定被告拖欠工程款具体数额，因此驳回原告乔某装饰公司的诉求是符合法律规定的。

第四节 无法举证证明存在增加工程量的法律后果

【基本案情】

2015年4月30日,大某装饰公司与思某公司订立《×市建设工程装饰装修施工合同》,约定大某装饰公司按全包方式为思某公司对×楼房屋进行内部装修,工程造价980,000元,工期为2015年4月30日至2015年8月28日,延期按每日工程总造价的5‰处罚,一方违约则支付合同价30%的违约金。

后因工期延误,双方订立《关于××号楼装修项目之协议》,对截至2015年10月22日已完成的工程量进行结算,确认思某公司已支付工程款609,000元,尚欠371,000元,大某装饰公司因工期延误应支付违约金269,500元,同时大某装饰公司还应按照协议所附《施工计划》于2015年11月29日完成剩余所有工程。

2015年12月15日,思某公司在未对工程进行验收及质量鉴定的情况下,以大某装饰公司未能按照《施工计划》的时间期限完成装修及质量存在严重问题为由,通知大某装饰公司停止施工。2015年12月29日,思某公司与案外人×有限公司订立《建筑装饰工程施工合同》,对×路房屋再次进行装修。2016年2月29日,大某装饰公司以思某公司拖欠工程款为由提起诉讼。

大某装饰公司起诉请求:思某公司应支付工程余款及增加工程款共899,415.13元及违约金294,000元。

【法院审理】

在审理中思某公司辩称已经支付大某装饰公司工程款609,000元,大某装饰公司予以认可。根据协议记载,截至2015年10月22日,大某装饰公司已经完成工程量部分的价款为581,539.60元(不含8%质保金),之后大某装饰公司于12月10日撤场。

考虑到大某装饰公司作为施工方，就其实际完成的施工内容应承担相应举证责任，而对于2015年10月22日至2015年12月10日期间具体完成了哪些施工内容，大某装饰公司未能进行举证；思某公司要求大某装饰公司退场后，在未对现场进行固定的情况下即另行委托他人进行施工，导致目前无法通过审价确定实际工程造价，对此思某公司存在一定过错；双方合同约定的结算方式为闭口包干总价，约定的总造价为98万元，大某装饰公司主张施工过程中存在增加工程量情况，但对此未能提供双方确认的签证或工程变更单等证据材料，在施工现场已经不复存在的情况下，大某装饰公司主张的增项工程缺乏依据。

【法院判决】

综合上述理由，本院认为酌定工程总价909,000元，并判令思某公司再支付工程款30万元。

大某装饰公司主张还有50余万元增加工程量及思某公司主张不欠付工程款的上诉理由均缺乏依据，本院均不予支持。

关于大某装饰公司主张的违约金部分，根据2015年10月22日的协议，大某装饰公司尚需支付思某公司工期延误违约金26万余元，故并不存在大某装饰公司所主张的思某公司逾期付款之情形，大某装饰公司该上诉主张缺乏依据，本院不予支持。

【律师点评】

本案的核心焦点也是关于案涉工程的实际工程量和是否存在增加工程量的问题。

就第一个问题，合同约定了工程总造价为98万元，但因为双方在施工过程中发生争议，被告思某公司在未对工程进行验收及质量鉴定的情况下，通知原告大某装饰公司停止施工，并与案外人×有限公司订立《建筑装饰工程施工合同》，对×路房屋再次进行装修。因为案涉工程并非全由原告大某装饰公司完成，但双方均不能证明大某装饰公司的实际完成工程量，因此法院酌情认定工程总造价为909,000元，并无不妥。

就第二个问题，原告大某装饰公司有责任证明其增加的工程量，因为原告大某装饰公司在施工中未能完善保留相应证据，且被告思某公司不予确认，加之现场已经破坏，因此法院无法认定是否存在增加工程量的情形，从而根据举证责任分配规则，驳回原告大某装饰公司该部分诉求，也是妥当的。

第五节　工期延期是否就必须承担违约责任

【基本案情】

2016 年 3 月 6 日，童生与叶生签订《家装施工合同》，约定叶生以硬装、主材全包的形式承包 × 市某楼盘 2-811 室房屋的室内装修工程，工程造价为 201,180 元，工程期限自 2016 年 3 月 15 日至 2016 年 7 月 5 日。双方约定工程如遇特殊情况或不可抗力造成不能施工的，工期可顺延，如发生违约所造成的一切损失，由违约方承担。

本工程报价外的工程或工程项目的材质、工艺发生变化时，需童生认定综合单价后，以现场签证形式由童生现场负责人签字为准，并列入竣工决算追加当中（如本工程报价外的工程已经发生或工程项目的材质、工艺发生变化时，童生已认可，但童生没有签证的，其所发生的费用同样生效）。合同还对其他权利义务做出了约定。双方在《精装主要用材等级品名一览表》中对装修材料进行约定，同时明确约定延误工期一天按 300 元补偿客户，如果设计变更双方互相沟通后最终答复确定（涉及增项以图纸为准）。

叶生于 2016 年 3 月 15 日开工，后直至 2017 年 9 月 17 日尚未竣工，双方也未进行结算。童生于 2017 年 10 月另交由案外人组织施工，并于 2017 年年底实际入住。童生向叶生全额支付了工程款 201,180 元。后童生以叶生延误工期为由诉至法院。

童生起诉请求：叶生向童生支付违约金 72,000 元（自 2016 年 7 月 6 日起暂计算至 2017 年 10 月 30 日，共计 480 天，按 150 元 / 天标准计算，实际计算至判决确定的履行之日止）。

叶生陈述：

（1）叶生因其父去世料理后事已向童生请假两个月，童生表示同情并同意。请假时间（2016 年 4 月 21 日至 2016 年 6 月 20 日）不应算在延误工期里，属于本案的特殊情况，符合《家装施工合同》第八条第一项规定的"工程如遇特殊情况或不可抗力造成不能施工的，工期可顺延"。

（2）童生在装修期限内及之后对叶生多次提出要求进行设计变更，毫无疑问增加了叶生的装修工时。另外，因童生屡次要求修改设计效果，叶生只有等到其确定好后才能去定做橱柜、楼梯和门等主材，从而导致叶生整装主材迟迟未能下单，这部分延误的工期归咎于童生，也不应计算在延误工期里。

（3）2016年9月恰逢杭州举行G20峰会，当时政府要求杭州市范围内所有施工工地全部无条件停工，案涉小区街道办要求峰会期间所有施工现场停工二十天，这一事由明显属于不可抗力，不应计算在延误工期里，这既符合《家装施工合同》的书面约定亦符合法律规定。

童生陈述：

（1）叶生提出的父亲病重与料理后事的请假与本案无关。叶生并非一人独自完成案涉工程，不能以此作为工期延误的理由。

（2）叶生提出装修延误是童生导致，叶生并未提交有效证据予以证明。

（3）叶生提出G20峰会工地无条件停工，但案涉合同约定的工期是2016年3月15日至2016年7月5日，叶生本该在该约定期限内完工，其自身拖延工期导致G20峰会期间无法施工，亦应由其自身承担拖延的不利后果。

【法院审理】

关于工期延误的时间，法院围绕当事人的上诉请求进行审理，认定案涉工程延误时间为438天。叶生因其父生病去世请假两个月并未能提供充分有效的证据加以证明因此不计算在内，扣减延误时间包括：因童生反复修改装修方案导致的工期和G20杭州峰会要求停工若干天，本院根据双方当事人的过错程度及客观情况，酌情扣减工期延误时间70天，即叶生应当支付童生违约金150×（438-70）=55200元。

【法院判决】

叶生支付童生工期延误违约金55,200元，于本判决生效后十日内付清。

【律师点评】

关于工程延期完工的违约金，首先需在合同中有明确约定；其次合同还需明确约定具体的工期。如果施工方未能在合同约定的工期内完成施工的，发包方有权主张违约金。至于违约方提出无须支付违约金的理由，违约方需要承担举证责任。在法律上，违约方主张工程应当顺延的理由可以包括以下方面：1、发包方违约在先，例如未能按约定支付工程款，未能按约定提供材料或提供施工条件；2、不可抗力，例如特大台风暴雨，导致无法施工，突发断水断电或其他意外导致无法施工；3、发包方增加工程量，施工方可以此要求延长工期。上述主张都需要施工方提供证据予以证明，否则也会承担举证不能的责任。

　　本案中，就被告叶生主张延长工期的三个理由，法院采纳了两个，其中包括因发包方反复修改装修方案导致的工期延误和 G20 杭州峰会要求停工若干天导致工期延误。法院的判决是有道理的。

第六节　工程款未按期支付，是否还能主张工期延误的违约金

【基本案情】

2014年5月19日，时某装饰公司与高某签订了一份《工程装修施工合同书》，约定由时某装饰公司对租用的位于×市×路商铺进行装修，合同总价款为420,000元；合同工期60天，开工日期为2014年6月1日，竣工日期为2014年8月1日，如因承包人（时某装饰公司）原因造成工期延误的，每延误一天，应当向发包人（高某）支付工程款3‰的违约金。

后因时某装饰公司未按合同约定将工程施工完毕，造成工期延误，并直接导致高某的开业时间推迟至2014年12月18日。高某按照双方合同的约定，按工期延误的天数，每一天支付工程款3‰的违约金。经计算时某装饰公司造成工期延误139天（从2014年8月2日至2014年12月18日），每天应当支付的违约金数额为1,260元（420000×3‰），时某装饰公司应当向高某支付工期延误违约金175,140元（1260元×139天）。同时，高某认为上述违约金不足以弥补时某装饰公司工程延期给高某造成的损失，从2014年12月18日开业至2015年3月底，高某店铺日均营业额为3890元，因时某装饰公司工程延期造成高某营业额损失达216,284元（3890元/天×40%×139天），该项损失也应由时某装饰公司承担赔偿责任。

另外，由于高某的商铺系租用他人的商铺，从2014年8月1日起高某每年要承担300,000元的商铺租金，平均每个月租金为25,000元。如果时某装饰公司没有造成工期延误，店面按照原计划开业，高某每月仅用营业收入就可以支付房屋租金，但是由于时某装饰公司造成工期延误，高某从2014年8月1日至2014年12月18日长达四个半月之间，高某没有任何收入的情况下还要自行承担高额租金，时某装饰公司也应对高某的租金损失承担赔偿责任，经计算因时某装饰公司工期延误造成高某四个半月的租金损失为112,500元（25000×4.5个月）。

高某起诉请求：1、时某装饰公司向高某支付工期延误违约金175,140元。

2、时某装饰公司因工程延期赔偿高某营业额损失 216,284 元。3、时某装饰公司赔偿四个半月的租金 112,500 元。

时某装饰公司陈述：1、在高某装修期间，因高某安排他人贴砖，该贴砖项不属于时某装饰公司施工范围，造成时某装饰公司无法按期进场施工，依照合同约定，高某作为发包人未按照合同的约定提供开工条件，因此开工日期应顺延；另双方在合同中约定因高某原因不按期支付工程款导致工期延误的，工期顺延。在时某装饰公司完成木工按照合同约定高某应支付进度款 20 万元，但高某只在 2014 年 8 月 6 日支付 10 万元。在时某装饰公司将工程交付高某使用后的两年之久至今仍拖欠进度款与尾款。时某装饰公司认为延误工期的责任在高某。2、高某无权主张违约金，即使存在违约金高某主张的违约金计算期间时某装饰公司不予认可。高某主张的工期延误至 2015 年 12 月 18 日，时某装饰公司对该时间不认可。2015 年 12 月 18 日是高某开业时间并不等于工程交付时间，工程交付后高某还要接受卫生安全检查，办理营业执照卫生许可等，时某装饰公司在 2014 年 10 月中旬已退场并将装修房产转移占有，应认定 2014 年 10 月 16 日为完成工程交付日期。

【法院审理】

本案争议焦点为时某装饰公司是否存在延误工期。合同中对于高某的工作项中约定要求高某保证时某装饰公司能够顺利进场施工。对于工期项中约定因与甲方和乙方无关的第三方的原因造成工期延误，工期顺延。原告、时某装饰公司双方对于第三方（房东）贴砖行为认可，因此造成高某推迟进场施工，按照双方约定工期应顺延。本院对于证人的证言予以采纳，认可进场施工时间推迟一个多月。其次，按照合同中关于工期项中还约定，因高某方不按期支付工程款导致工期延误的，工期顺延。

付款方式规定高某于木工完工后付时某装饰公司第二笔进度款 200,000 元。高某述称是因时某装饰公司未按期施工在木工未完工的情况下，时某装饰公司一直催款就先付了 100,000 元，剩下的工程款等完工后一起支付。时某装饰公司对此辩称，高某对于欠付的第二笔进度款和尾款在工程交付使用后一直拖欠了两年之久未付，按照合同约定，未按期支付工程款，工期应顺延。关于此点本院认为高某欲主张时某装饰公司延误工期的事实因在时某装饰公司将该工程完工交付使用后，高某按照双方在合同中的约定先支付完第二笔工程款 200,000 元后主张。现工程已完工并交付使用，高某也未向时某装饰公司支付欠付的第二笔木工完工后的进度款 100,000 元，依照双方合同中的约定工期应顺延。

综上，本院认为高某述称的时某装饰公司存在延期交工应支付延误工期违约金等损失的事实主张不能成立。

【法院判决】

一、驳回高某要求时某装饰公司支付延误工期违约金 175,140 元的诉讼请求；

二、驳回高某要求时某装饰公司赔偿经营损失 216,284 元的诉讼请求；

三、驳回高某要求时某装饰公司赔偿房屋租金损失 112,500 元。

【律师点评】

本案也是关于工程延期的违约金主张的案例，本案的争议焦点是施工方逾期完工的理由是否充分。

本案施工方的理由主要有两个，其一是因第三方的行为导致工程推延一个月入场，该月不应该计算在工期内；其二是因发包方逾期付款，根据合同约定，发包方未按期支付工程款，工期应顺延。

法院通过审理查明了上述事实，从而认为工程延期存在理由，遂驳回了原告高某要求被告时某装饰公司支付工程延期违约金及赔偿损失的主张。

第七节　工程存在质量问题，结算时是否可以扣除相应款项

【基本案情】

黄某于 2013 年 11 月 7 日与万某约定，黄某对万某的 A3 栋 102 房进行装饰装修。《装饰工程合同》约定承包方为斯某装饰公司，工程总价为 13,704,756（不含税）。付款方式：1、本合同签订后甲方需支付总工程款的 50%，即：6,852,378元。2、工程完工后，支付总工程款的 40%，即：5,481,902 元。3、工程验收后，支付总工程款的 10%，即：1,370,475.60 元。4、保修期：保修期为一年，不押付保修押金，但一年内为免费维修，处理所含施作范围内的一切维修。

另一份《装饰工程补充协议》的承包方也为斯某装饰公司，约定：甲方于2014 年 10 月 8 日前共支付乙方伍佰万元整。为顺利推荐工程项目特签本补充协议：1、双方确定合同总价为 1408 万元。2、甲方于 10 月 31 日前支付乙方至 800 万元。3、甲方搬家当日支付乙方 200 万元整，余款即付到 1000 万元整，从甲方搬家后第一个自然月开始每月支付 100 万元直至款项结清。4、乙方确保甲方 2014 年 12 月 28日达到搬家条件。黄某、万某在该补充协议上均有签字确认。万某对上述《装饰工程合同》《装饰工程补充协议》无异议。

黄某向法院提交票据，拟证明黄某为万某垫付新增的挖井工程 10 万元以及另增加建设围墙、阳光房工程费用 60 万元。万某对该证据不予认可。黄某还向法院提交银行流水，拟证明万某已经向其支付工程款 820 万，剩余欠工程款 658万元。

黄某提出诉讼请求：1、万某支付黄某工程款 658 万元，逾期支付工程款利息168,612 元（该利息按照 6.15% 的利率自 2015 年 2 月 1 日暂计算至 2015 年 7 月 1 日，此后的利息按照以上计算标准计算至万某实际付清之日止）；2、万某承担本案诉讼费。

被告万某陈述：

本案中，《装饰工程合同》以及《装饰工程补充协议》明确约定合同发包方

为万某，承包方为斯某装饰公司，原告并非涉案装饰工程的承包方，仅为承包方斯某装饰公司授权在上述合同中签字的代理人。因此，原告与被告之间并不存在合同关系，原告不是本案的适格主体。

本案中，如原告是装饰工程的承包方，则须具备建筑工程装饰装修相应资质，但原告并不具备相应资质。根据《最高人民法院关于审理建设工程施工合同纠纷案件适用法律问题的解释》第一条规定，本案《装饰工程合同》和《装饰工程补充协议》是无效合同。

本案装饰工程存在严重质量问题，故被告拒付剩余工程款，并拆除了大部分有明显瑕疵的工程，另行装修。部分未拆除的工程，本案中经专业机构进行质量鉴定，同样存在严重的质量问题。鉴于本案装饰工程有严重的质量问题，验收不合格，故被告有权拒付剩余工程款并索赔。

【法院审理】

本案的争议焦点为：（1）黄某是否系本案适格主体；（2）涉案合同的效力；（3）万某欠付工程款的问题。本院评析如下：

（1）关于黄某是否系本案适格主体的问题。《装饰工程合同》以及《装饰工程补充协议》中虽载明承包方为斯某装饰公司，但并无该公司的公章。其次，黄某为本案诉讼房屋进行装饰装修，并且万某向黄某银行转账支付部分工程款。因此，黄某、万某之间存在合同关系，黄某系本案的适格主体。

（2）关于涉案合同的效力问题。根据《最高人民法院关于审理建设工程施工合同纠纷案件适用法律问题的解释》第一条规定，装修装饰工程属于建设工程，因黄某并未举证证明其有相应资质，故依据上述规定，本案《装饰工程合同》和《装饰工程补充协议》系无效合同。

（3）关于万某欠付工程款的问题。万某称，本案装饰工程有严重的质量问题，验收不合格，故其有权拒付剩余工程款。本院认为，根据《最高人民法院关于审理建设工程施工合同纠纷案件适用法律问题的解释》第二条规定：建设工程施工合同无效，但建设工程经竣工验收合格，承包人请求参照合同约定支付工程价款的，应予支持。本案中，涉案合同虽无效，但黄某已按合同约定对本案诉争房屋进行装饰装修，万某应向黄某支付装修工程款。根据建设工程质量检测中心审核报告认定黄某与万某装饰装修工程合同纠纷一案工程造价鉴定金额为 786,265.53 元，该项装修损失应在工程款中予以扣除。

【法院判决】

（1）本案《装饰工程合同》和《装饰工程补充协议》无效。

（2）万某应支付黄某剩余工程款 5,093,734.47 元（1408 万元 −820 万元 −786265.53 元）。本案中双方未约定违约责任，对万某支付剩余工程款的时间约定不明，考虑到黄某对本案诉争房屋装饰装饰存在质量瑕疵问题，酌情认定万某应以工程款 5,093,734.47 元为基数，按照银行同期贷款利率，支付从起诉之日即 2015 年 6 月 30 日起至工程款支付完毕之日止。

（3）本案受理费 59,040 元，由万某负担。

【律师点评】

（1）本案涉及了合同无效的问题，无效的事实依据是施工方没有相应的资质，法律依据是《最高人民法院关于审理建设工程施工合同纠纷案件适用法律问题的解释》第一条。

（2）合同无效后，施工方按合同约定主张工程款也会得到法院的支持，该法律依据是《最高人民法院关于审理建设工程施工合同纠纷案件适用法律问题的解释》第二条。

（3）关于工程质量的问题认定。首先，就工程质量存在的争议，主张质量的一方可以申请工程质量鉴定，如果工程存在质量问题，可以在工程款上进行扣减。本案中，就存在质量问题的工程，鉴定后确定其造价为 78 万余元，最后法院将该部分的工程量进行了扣减，是符合法律规定的。

第八节 工程已经实际使用，是否还能提出质量抗辩

【基本案情】

姜某与金某合伙租赁 × 小区商铺一至四层，准备用于经营酒店，一、二楼由金某负责装修并管理，三、四楼由姜某负责装修并管理。2013 年 7 月 23 日原告寇某（乙方）与被告姜某（甲方）签订了《宾馆酒店装饰合同》，总造价为 123 万元，将其宾馆客房的装饰装修工程发包给不具有相应施工资质的寇某施工，合同签订后原告寇某对三、四楼进行装修。2013 年 12 月原告装修工程完工，原告将三、四楼装修的房屋交与被告姜某，在装修过程中姜某按合同分批支付工程款，共计支付原告寇某 80 万元，该装修工程未进行验收结算，并于 2014 年元月开始经营，剩下工程余款 43 万元未支付。

寇某起诉请求：1. 被告支付原告装修款 60 万元，其中 35.4 万元从 2014 年 1 月 1 日起按照中国人民银行同期贷款利率支付利息；24.6 万元，从 2014 年 7 月 25 日起按照中国人民银行贷款利率支付利息，至被告付清之日止。2、被告对上述给付款项承担无限连带责任；3、案件受理费 9,800 元由二被告承担。

被告姜某陈述：

姜某与寇某签订的《宾馆酒店装饰合同》的合同价为 123 万元与客观事实不符，实际价远低于 123 万元，姜某已给寇某付清装修款，不应再支付装修款。2013 年年底寇某将宾馆装修工程交给姜某，2014 年 1 月宾馆开始营业。在使用过程中姜某发现客房卫生间防水没有做好。在姜某多次要求寇某修复但寇某拒不修复的情况下，为了减少损失，姜某让刘某进行了翻修，支出翻修费 41.8 万元，翻修期间停业长达 3 个月之久。姜某开办的宾馆交通便利，客源稳定，2015 年 5、6、7 三个月客房收入共计 206,447 元，月平均收入 68,815 元。翻修期间停业三个月，故寇某应赔偿停业损失 206,445 元。合计 624,445 元及利息。

【法院审理】

本案争议的焦点是：一、上诉人寇某与上诉人姜某签订的《宾馆酒店装饰合同》是否真实有效；二、寇某主张姜某应支付其工程款60万元及利息损失的请求是否应予支持；三、姜某主张寇某支付宾馆翻新费41.8万元、停业损失206,445元以及上述两项费用利息损失的请求是否应予支持。

对上述焦点问题，本院评析如下：

（1）2013年7月23日姜某与寇某签订的《宾馆酒店装饰合同》是否真实有效。关于合同是否真实的问题，姜某承认《宾馆酒店装饰合同》上的签字系其亲自所签，其虽然辩称该合同是事后补签，内容并不真实，补签合同只是为完善手续，但对其补签的问题并无相应证据予以证实，且其对为完善手续而签订虚假合同的辩解并不能做出合理解释，故对其认为该合同内容不真实的观点本院不予采纳。本案中，姜某和寇某签订合同，将其宾馆客房的装饰装修工程发包给不具有相应施工资质的寇某施工，违反了上述法律、行政法规的强制性规定，故该合同应为无效。对于合同的无效，当事人双方均有过错。

（2）寇某主张姜某应支付其工程款60万元及利息损失的请求是否应予支持。《最高人民法院关于审理建设工程施工合同纠纷案件适用法律问题的解释》第二条规定："建设工程施工合同无效，但建设工程经竣工验收合格，承包人请求参照合同约定支付工程价款的，应予支持。"本案中，双方签订的合同虽然无效，但该宾馆装饰装修工程于2013年12月底完工后，姜某已经实际接收，2014年元月宾馆开始经营，以上事实说明姜某对寇某施工质量是认可的，故寇某主张支付工程款的理由成立，应予支持。关于装修工程总造价问题，双方当事人虽然没有对工程总造价进行正式结算，但合同约定工程总造价为123万元，2013年底寇某交工后至今，姜某也从未提出过寇某存在未完成合同约定项目的问题，且姜某的合伙人金某述称其和姜某结算装修账时对宾馆装修价款按照123万元计价，据此，法院认定本案装修工程总造价为123万元。

关于上诉人寇某请求支付欠付工程款利息的请求是否应予支持的问题，由于装饰装修合同无效，寇某对于合同的无效亦负有责任，故其要求按照合同约定的付款期限支付欠付工程款利息的请求本院不予支持。

（3）姜某主张寇某支付宾馆翻新费41.8万元、停业损失206,445元以及上述两项费用利息损失的请求是否应予支持。本院认为，当事人对自己提出的诉讼请求所依据的事实应当提供证据予以证明，没有证据或证据不足以证明其事实主张的，应当由负有举证责任的当事人承担对其不利的法律后果。本案中，姜某主张寇某应支付宾馆翻新费41.8万元、停业损失206,445元以及上述两项费用利息损失，但其提供的证据不足以证明装修工程质量问题的具体项目、严重程度、成因以及必要的修复费用，故其此项诉讼请求没有事实依据，本院不予支持。

综上，上诉人寇某的上诉请求部分成立，上诉人姜某的上诉请求不能成立。

【法院判决】

（1）被告姜某支付原告寇某装修款43万元。

（2）被告姜某要求原告寇某支付翻修费41.8万元不成立。

（3）驳回原告寇某对金某的其他诉讼请求。

【律师点评】

（1）本案属于工程量纠纷，原告寇某为施工方，主张被告姜某发包方未能付清工程款，被告姜某以工程存在质量问题且支付了翻修费为由提起反诉，要求原告寇某支付返修的费用。

（2）法院经审理查明，原告寇某未取得相应资质，认定双方的合同无效；就原告寇某对尚欠工程款的主张，法院认为，在原告寇某向被告姜某交工后至今，被告从未提出过原告存在未完成合同约定项目的问题，且被告的合伙人金某述称其和原告结算装修账时对宾馆装修价款按照123万元计价，据此，法院认定本案装修工程总造价为123万元。扣除已付的工程款，故支持未付工程款为43万元。

（3）就被告姜某的诉求，法院根据查明的事实，直接使用举证责任分配规则，认为被告姜某的证据无法证明其主张，遂驳回了被告的诉求。

法院对本案的认定和判决还是非常清晰的。

第九节　工程已经交付使用但确实存在质量问题，该如何处理

【基本案情】

2011年4月10日，长某装饰公司与南某纸业公司签订一份《办公楼装饰合同》，约定由南某纸业公司将新建办公楼装修工程以包工包料的方式发包给长某装饰公司施工，工期为90天，自2011年4月20日至同年7月20日，若长某装饰公司推迟1天完工则支付违约金500元/天，提前1天完工则南某纸业公司奖励其500元/天，工程总价款为132万元。余款在验收合格一年内如无工程质量问题全部结清。合同签订后，长某装饰公司即进场施工，后因南某纸业公司增加、变更项目以及应由其他方施工完成的北侧铝合金窗安装和室外广场地面土建施工、门厅外散水施工均延期，致长某装饰公司于2011年10月17日完工并将工程交付南某纸业公司。

南某纸业公司接收、使用长某装饰公司交付的工程后，向长某装饰公司发出整改通知书，长某装饰公司接到南某纸业公司通知后即对相关问题进行了书面说明并按南某纸业公司要求全部进行了整改，但南某纸业公司拒绝在质量整改项目竣工单及工程决算单上签字确认整改项目及增加、减少的工程量和实际发生的工程款总额1,765,282.25元（含税），并拒不支付工程款余额665,282.25元。长某装饰公司认为，工期延误并非长某装饰公司所致，在已接收、占有、使用长某装饰公司交付的完工工程的情况下，南某纸业公司拒绝验收，拒不确认工程量和工程款，并拒付工程款，致长某装饰公司的合法权益无法实现。

长某装饰公司起诉请求：南某纸业公司支付工程款665,282.25元（审理中，长某装饰公司将该项诉讼请求金额变更为488,700元）。

南某纸业公司陈述：1、合同工期为90天，自2011年4月20日至同年7月20日，实际施工至2012年1月20日才基本完工，延误工期达184天，500元/天，长某装饰公司需支付逾期竣工违约金92,000元。

2、因长某装饰公司在施工过程中不负责任，未能严格按照国家颁布的施工标准、规范，导致已施工的工程项目出现了许多质量问题，长某装饰公司赔偿南某

纸业公司因施工质量问题而引起的工程修复费用 85,465.45 元。

【法院审理】

长某装饰公司与南某纸业公司签订书面合同，由南某纸业公司将其办公楼装修工程发包给长某装饰公司施工，该合同中包含玻璃幕墙施工，但长某装饰公司并不具备建筑幕墙工程施工资质。根据最高人民法院《关于审理建设工程施工合同纠纷案件适用法律问题的解释》的规定，认定建设工程施工合同无效。故南某纸业公司签订的合同中关于玻璃幕墙施工的内容应归于无效，其他部分依法成立并生效。长某装饰公司完成施工后，虽然双方未办理竣工验收手续，但南某纸业公司已经实际使用装修工程，故南某纸业公司应当按照约定将工程款支付给长某装饰公司。

对于装修工程造价，鉴定公司按照预算书中的报价进行鉴定，为 1,588,749.82 元。双方在签订合同时，预算书中报价为 1,455,699.61 元，而双方最终确定的合同价为 132 万元。对于预算价与合同价之间的差额 135,699.61 元，根据通常理解，二者之间的差额即为协商订立合同过程中确定的优惠部分，即合同价在预算价基础上下浮了 9.32%（135699.61÷1455699.61）。因此，鉴定公司按照预算报价计价所得的价款，应当下浮 9.32%，据此工程造价应为 1,440,678.34 元。

南某纸业公司已经支付 110 万元，对余款 340,678.34 元，由于工程交付使用至今已经超过 2 年，且南某纸业公司就工程质量问题已经要求长某装饰公司赔偿修复费用，故工程质量保修金不再保留，南某纸业公司应将工程款全额支付给长某装饰公司。对南某纸业公司关于长某装饰公司延误工期且施工存在质量问题的意见，因合同约定的支付工程款期限已经届满，南某纸业公司支付工程款与长某装饰公司承担工期责任、质量责任之间并无关联性，且南某纸业公司已经就工程工期和质量问题提起反诉，故南某纸业公司的抗辩意见不能成立，本院不予采纳。对南某纸业公司关于长某装饰公司不具备玻璃幕墙施工资质，且未向南某纸业公司交付工程款发票，南某纸业公司据此有权拒绝支付工程款的意见，并无相应合同依据或法律依据，本院不予采纳。

对于南某纸业公司提出的工程质量问题，鉴定公司已经出具了鉴定报告，根据鉴定公司确定的修复方案，对修复工程造价进行了评估。就抹灰工程，因鉴定公司认为质量问题系土建施工所致，与长某装饰公司无关，鉴定公司也未作相应评估。经鉴定公司评估，造价为 85,465.45 元。对长某装饰公司就修复造价鉴定报告所提出的异议，从鉴定报告中对相关项目的特征描述来看，与鉴定公司提出的修复方案相符，故长某装饰公司所持异议不能成立，本院不予采纳。南某纸业公司要求长某装饰公司赔偿修复费用 85,465.45 元的诉讼请求依法成立，本院予以支持。

对南某纸业公司主张的逾期竣工违约金，因双方对工程开工、竣工及交付的时间存在争议，且均未提供相应证据；南某纸业公司未提供证据证明装修工程具备施工条件的时间，且施工过程中存在工程量增减，通过现有证据尚不能确定工期调整和工程逾期的期间。因此南某纸业公司该项诉讼请求并无事实依据，本院不予支持。

【法院判决】

（1）南某纸业公司向长某装饰公司支付工程款 340,678.34 元。

（2）长某装饰公司向南某纸业公司赔偿工程质量问题的修复费用 85,465.45 元。上述两项相抵，南某纸业公司应向长某装饰公司支付 255,212.89 元。

【律师点评】

本案的焦点主要集中在三方面：

（1）关于合同的效力的问题，法院查明原告长某装饰公司并不具备建筑幕墙工程施工资质，并根据最高人民法院《关于审理建设工程施工合同纠纷案件适用法律问题的解释》的规定认定建设工程施工合同无效，是合法有据的。

（2）关于被告南某纸业公司所欠工程款的问题，虽然被告提出了质量抗辩，但法院认为案涉工程交付使用至今已经超过 2 年，且被告就工程质量问题已经要求原告长某装饰公司赔偿修复费用，故工程质量保修金不再保留，被告应将工程款全额支付给原告。

（3）关于被告南某纸业公司要求原告长某装饰公司赔偿工程质量问题的修复费用的问题，法院认为，根据施工方出具的鉴定报告，并经查明，被告主张的修复项目同修复方案能对应上，认为工程应具有质量问题，并由第三方修复完成，由此发生的修复费用应由原告承担。法院的认定也是基于公平性的原则而得出的，也并无不妥。

该案件充分发挥了法院自由裁量权的作用，应具有一定的社会效果。

第十节　室内装饰装修纠纷如何适用《消费者权益保护法》

【基本案情】

2014年12月28日，万某与樱某装饰公司签订《家庭居室装饰装修施工合同》，约定由樱某装饰公司承包万某家庭居室装饰装修施工工程，总价款为55,000元，工期自2014年12月30日至2015年2月6日，共39天。合同签订后，樱某装饰公司进场施工。

可是到了合同约定的工期届满日，房屋并没有交付给万某，双方对此产生争议。2015年4月期间，双方曾共同至法院诉讼调解中心协商处理争议。2015年6月11日，工程交付万某，工程保修单上记载工地负责人为案外人高某。万某确认房屋已于该日验收。2015年6月，万某对合同的效力、工程款的结算、损失的承担等持有异议，遂来法院起诉。

万某诉讼请求：1、确认万某、樱某装饰公司签订的装饰装修合同无效；2、樱某装饰公司赔偿因工程和合同问题带来的房屋一段时间不能使用的损失，具体金额根据法院调查的租金为计算依据，不能交付使用的时间自2015年2月7日至2015年6月11日（房屋交付日期）期间，每月按3,000元计算；3、樱某装饰公司退还已经收取的工程款项59,000元及利息（具体分为：以16,500元为本金，按照中国人民银行同期贷款利率，自2014年12月28日起计算至实际返还之日；以19,250元为本金，按照中国人民银行同期贷款利率，自2015年1月20日起计算至实际返还之日；以16,500元为本金，按照中国人民银行同期贷款利率，自2015年2月7日起计算至实际返还之日；以4,000元为本金，按照中国人民银行同期贷款利率，自2015年4月10日起计算至实际返还之日；以2,750元为本金，按照中国人民银行同期贷款利率，自2015年6月11日起计算至实际返还之日）；4、樱某装饰公司因提供服务的欺诈行为按照《消费者权益保护法》赔偿工程款项的三倍，即19,848元。

【法院审理】

本案的争议焦点为万某、樱某装饰公司之间就系争房屋所签订的《家庭居室装饰装修施工合同》的合同效力。万某坚持认为，就樱某装饰公司的资质问题应适用原国务院建设部于 2002 年 3 月 5 日发布并于 2002 年 5 月 1 日实施的《住宅室内装饰装修管理办法》。其中的第二十二条规定，承接住宅室内装饰装修工程的装饰装修企业，必须经建设行政主管部门资质审查，取得相应的建筑业企业资质证书，并在其资质等级许可的范围内承揽工程。现樱某装饰公司不具有建筑业企业资质证书，则不能认为樱某装饰公司具有装饰装修的资质，故合同应属无效。

2002 年 11 月 1 日，国务院发布了《国务院关于取消第一批行政审批项目的决定》（国发〔2002〕24 号），该决定已经取消了对室内装饰行业企业资质审查。而根据 2003 年 6 月 1 日实施的《全国室内装饰企业资质管理办法》，室内装饰企业资质的认证机构为中国室内装饰协会和经该协会授权的行业组织。对于室内装饰企业的资质，已由行政审批转变为行业自治。故依据上述规定，樱某装饰公司作为室内装饰企业无须取得建筑业企业的资质。而就樱某装饰公司违法转包的事实，万某未能向法院提供充分、有效的证据予以证明，法院亦不予采信。双方所签订的装饰装修合同也不具有《合同法》第五十二条所规定的合同无效的其他情形。因万某要求确认合同无效、并基于合同无效要求返还装修款及利息的诉讼请求，法院均不予支持。

关于万某主张樱某装饰公司应向其支付三倍于工程款的赔偿金（共计 19,848 元），万某的理由主要是基于其认为樱某装饰公司存在欺诈行为，包括但不限于樱某装饰公司中途要求结算、工程价款超过预算、未按时完工、部分材料质量不符合合同约定等。法院认为，姑且先不论万某就上述主张的举证，仅从该些事由本身，也至多是万某、樱某装饰公司在合同履行过程中，就工程质量、款项结算、工程交付等合同的履行问题产生的争议，而并非欺诈。万某混淆了欺诈与履行瑕疵的概念。故对万某该项诉讼请求，法院实难支持。

关于万某主张的自 2015 年 2 月 7 日（约定交付日的次日）至 2015 年 6 月 11 日（实际交付日）期间按照每月 3,000 元的标准计算的迟延交付房屋所产生的空置损失。樱某装饰公司抗辩，工程发生迟延交付的原因是，万某不支付增加部分的工程款所致。法院认为，根据合同的约定，双方原定的工程工期为 36 天，现实际延长了 125 天。而事实上，万某在 2015 年 2 月期间已经支付了 95% 的工程款。期间，虽确实发生了增加的工程，但经司法鉴定，该部分的工程款仅为 3,745 元。按常理，在整个 55,000 元的工程约定的工期仅为 39 天的情况下，该部分 3,745 元的工程耗时不可能需延期 125 天之久。故在樱某装饰公司未能就延期交付房屋做出更进一步的合理解释或充分举证的情况下，樱某装饰公司应当就其延迟交付房屋向万某承担赔偿责任。但是考虑到本案工程量较之原合同约定有所增加，的确是不争的事实，另一方面，双方就增加工程的工程款持有争议，影响到房屋的及时交付。在此过程中，并非完全是樱某装饰公司恶意延迟交付所致。故法院综合考虑合同的履行情况、当事人的过错程度等因素，酌情判令樱某装饰公司就 2015 年 2 月 7 日至 2015 年 6 月 11 日期间的房屋租赁损失，需向万某赔偿 9,000 元。

【法院判决】

（1）樱某装饰公司于判决生效之日起十日内赔偿万某自 2015 年 2 月 7 日至 2015 年 6 月 11 日期间的经济损失人民币 9,000 元；

（2）驳回万某的其余诉讼请求。

【律师点评】

（1）本案较其他案件相比，就合同的效力问题，认定得比较清晰，法院并没有认为被告装修公司因为没有取得相应资质而认定合同无效。其说理非常透彻，认为该合同不具有合同法第五十二条关于无效认定的条件，因此认为合同是合法有效的。

本律师认为，室内装饰装修工程本质上属于建设施工合同的范畴，在《民事案件案由规定》的编排中我们可以看到，"装饰装修合同纠纷"属于"建设工程合同纠纷"的子项目。根据建筑法等相关规定，建设施工合同中，施工方必须具有资质要求，否则，建设施工合同会被认定为无效。根据本律师的经历，有的法院会根据装修公司是否具备资质来认定装饰装修合同是否无效，也有的法院不会对装修公司的资质做审查。但是，本律师认为，室内装饰装修的工程量可能不大，技术要求也没有那么高，如果以资质作为合同效力认定的条件，那么大多装饰装修合同都是无效的，因此，法院可以根据工程量和技术要求确定是否需要审查装修公司的资质。

本律师认可该判决结果。

（2）关于万某对装饰公司提出的要求支付三倍于工程款的赔偿金主张的法律分析。

万某的主张是基于《中华人民共和国消费者权益保护法》第五十五条的规定。

首先，我们先分析装饰装修合同是否适用《消费者权益保护法》，该法第二条规定：消费者为生活消费需要购买、使用商品或者接受服务，其权益受本法保护。原告万某和被告樱某装修公司之间签署装饰装修合同，将房屋委托装修公司装修，也属于一种消费行为，也适用《消费者权益保护法》。

其次，再分析消法第五十五条的规定，该法条适用的前提是提供商品或服务的经营者存在"欺诈行为"，否则也是不适用三倍赔偿的。

本案中，法院认为即便双方就工程质量、款项结算、工程交付等合同的履行问题产生的争议，但也不能认定装修公司存在欺诈，故驳回了原告万某该项诉讼请求。

（3）关于延期完工的违约金问题。根据合同约定的工期和实际施工情况，法院认为被告樱某装修公司存在逾期完工的情形，虽然装修公司以原告万某迟延付款为由延迟工期，但认为迟付该笔工程款的行为不足以让工期延误125天之久，故判决被告樱某装修公司应向原告万某赔偿因逾期完工而造成的损失，合理恰当。

本案中，法院娴熟运用自由裁量权，公平合理地处理本案的纠纷，法律技术非常高超。

第十一节　公司不承担保修责任是否可以作为拒付工程款的理由

【基本案情】

马某与杨某是合伙关系，在 2017 年 10 月 14 日，马某与冯某签订了《工程装修合同》，由冯某为火锅店进行装修，合同主要约定工程承包方式为"包工包料"。工程期限自 2017 年 10 月 18 日起至 2017 年 12 月 18 日竣工。工程总价款为 441,800 元。

后冯某开始装修，该装修工程于 2017 年 12 月 2 日交工，在装修过程中，马某和杨某陆续向冯某支付装修款 401,800 元，对剩余 40,000 元装修工程款马某和杨某于 2017 年 2 月 22 日向冯某出具书面欠条一份，对该份欠条，马某与杨某无异议。对工程欠款，经冯某多次催要，马某和杨某至今未付。

冯某起诉请求：1、二被告共同支付装修款 40,000 元；2、本案诉讼费由二被告共同承担。

马某陈述：2017 年 12 月 22 日，装修工程交付后，双方进一步约定将装修余款 4 万元作为保证金，待火锅店运营数月后无质量瑕疵再行支付，马某在欠条上签字。但火锅店运营不久后，渗水等问题频发，给被告造成经济损失，被告数次致电冯某要求维修均未得到回应，马某只能停业并另寻他人维修。后经查得知，漏水系厕所水管上十来处小孔所致。马某发现漏水后通知冯某前来维修，均未得到任何答复，故应将余款抵作维修款。

【法院审理】

本案立案案由为承揽合同纠纷，但综合全案，该案属装修方与发包方就达成的明确装修中双方权利义务的合同产生的权利义务纠纷，故本案结案案由应为装饰装修合同纠纷。装饰装修合同纠纷属建设工程合同纠纷范畴。根据《最高人民法院关于审理建设工程施工合同纠纷案件适用法律问题的解释》第一条规定"建设工程施工合同具有下列情形之一的应当根据合同法第五十二条第五项的规定，认定无效：第一条，承包人未取得建筑施工企业资质或者超越资质等级的……"，

第二条规定"建设工程施工合同无效，但建设工程经竣工验收合格，承包人请求参照合同约定支付工程价款的应予支持"。

本案中马某和杨某二合伙人将三楼火锅店的装修工程承包给没有资质的自然人冯某施工，并签订了《工程装修合同》，因该合同的签订违反了法律禁止性规定，应属无效合同，但结合双方当事人陈述及提供的证据，足可认定涉案工程现已实际完工并交付验收后投入使用，马某和杨某作为合伙人，应按约定支付工程价款，且已向冯某出具了书面欠条，故对冯某要求马某和杨某支付工程款40,000元的诉讼请求予以支持。

根据双方合同约定，涉案装修工程自验收之日起开始计算保修期，保修期为12个月。如马某所述，渗漏水发生在工程验收完投入使用期间，按照合同约定，该期间属于保修期间。马某以该期间内装修工程发现存在质量问题为由对冯某交付合格工程后的工程款给付请求权进行抗辩，系以冯某应承担的保修责任进行抗辩，而非以冯某须负交付合格工程之责任进行抗辩，故不能直接产生可以拒绝给付或者减少给付欠付工程款的法律结果。

【法院判决】

被告马某、杨某于判决发生法律效力后十日内一次性支付原告冯某装修欠款40,000元。

案件受理费800元，由被告马某、杨某负担，于判决发生法律效力后七日内交纳。

【律师点评】

本案有两个法律点值得关注：

其一，关于装饰装修合同无效的问题及法律后果。

法院认为发包人将工程承包给没有资质的自然人，合同应属无效，但根据《最高人民法院关于审理建设工程施工合同纠纷案件适用法律问题的解释》第二条，即便合同无效，发包人仍须按约定支付工程款。

其二，关于工程存在漏水是否可以抗辩拒付工程款的问题。

法院首先确认了发包人存在拖欠施工方工程款的事实，就发包人提出的工程存在漏水的事实抗辩，法院认为，工程款属于工程完工需要履行的义务，而漏水发生在工程使用后，属于保修的范畴，发包人以发生在后的行为抗辩之前的付款义务，不属于施工方负交付合格工程之责任进行抗辩，故不能直接产生可以拒绝给付或者减少给付欠付工程款的法律结果。

法院的判决非常有价值。

第十二节 对于未完工且未验收的工程，施工方如何追讨工程款

【基本案情】

2016年7月19日，卫某建筑装饰公司与阳某公司签订建筑装饰工程施工合同，约定卫某公司承包阳某公司酒店装饰装修工程；工程暂定2016年7月19日开工（以实际开工报告为准）至2017年2月18日竣工，工期210天。合同暂估价款28,000,000元；卫某公司同意本合同承包形式为乙方各专业分包、代购材料形式。

合同签订后，卫某公司（甲方）与泰某公司（乙方）签订建筑工程施工专业分包合同，约定卫某公司将其承包的阳某酒店装饰装修工程中的室内外消防产品施工安装工程分包给泰某公司施工。开工日期为2016年12月1日，合同暂定价款1,300,000元。甲方向乙方收取10%的管理、配合费用，税金由乙方自行上缴，如甲方需统一上缴税金乙方向甲方上缴相应的税点。

泰某公司于2016年8月28日向卫某公司报送投标总价，合计1,465,025.65元。该报送投标总价表中加盖卫某公司合同专用章。

泰某公司诉讼请求：1、卫某公司向泰某公司支付工程款900,000元及利息损失（以900,000元为基数，自2017年2月1日起按人民银行同期同类贷款基准利率计算至实际付清之日止）；2、阳某公司在欠付工程款范围内对卫某公司上述债务承担连带责任；3、本案诉讼费用由卫某公司、阳某公司承担。

【法院审理】

本案争议焦点为：（1）涉案工程未经竣工验收，泰某公司作为承包人能否要求卫某公司、阳某公司支付工程价款；（2）涉案工程已完成部分的价款数额；（3）关于泰某公司要求阳某公司在欠付工程款范围内对卫某公司上述债务承担连带责任。

关于争议焦点1，法院认为，承包人未取得建筑施工企业资质或者超越资质等级签订的建设工程施工合同无效，但建设工程经竣工验收合格，承包人可以请

求参照合同约定支付工程价款。本案中，泰某公司并无消防工程施工资质，其与卫某公司所签建筑工程施工专业分包合同应属无效。涉案工程在施工过程中停工，无法继续履行，对已完成部分亦未进行竣工验收，非因泰某公司原因所致。卫某公司以工程未经结算且未经竣工验收合格为由拒付工程款，有违合同的公平、诚实信用原则，不予采信。故，泰某公司作为承包人有权要求卫某公司支付已完成部分的工程款。

关于争议焦点2，法院认为，（1）涉案工程未实际完工，亦未进行最终结算，泰某公司申请对已完成部分的工程造价进行鉴定，理由充分，程序合法。经鉴定，工程造价为639,024.01元；（2）如按照投标报价同比例下浮方式作为结算价款，则工程造价为567,042.1元[639024.01×（130/146.502565）]。上述两种工程造价结果的形成主要是泰某公司报送的投标价与合同约定价不一致所致。泰某公司向卫某公司报送的投标总价表系双方所签建设工程施工专业分包合同附件，该投标总价表中分列的项目单价亦为预算单价，根据合同约定系双方进行工程结算的依据，而合同约定工程价款1,300,000元仅为暂定价，工程竣工后按实结算。

鉴定机构按照分包合同及合同附件鉴定得出的工程造价更能体现合同双方协商的过程和意思表示，故法院采信第（1）项鉴定意见，即涉案工程的造价为639,024.01元。根据合同约定，上述费用中还应扣除泰某公司应向卫某公司交纳的10%管理费、配合费，故涉案工程已完成部分的工程价款为575,121.61元（639024.01元−63902.4元）。

关于争议焦点3，泰某公司要求阳某公司在欠付工程款范围内对卫某公司上述债务承担连带责任。

阳某公司系案涉工程的发包人，泰某公司有权要求阳某公司在欠付工程价款范围内承担付款责任。现阳某公司与卫某公司装饰装修合同纠纷正在审理中，卫某公司反诉要求阳某公司支付工程欠款，无论双方在该案中是否申请工程造价的司法鉴定，案涉工程结算均属于该案审理范围，在该案审理结果确定前，目前尚无法确认阳某公司是否欠付卫某公司工程款以及欠付款的具体数额，故泰某公司要求阳某公司在欠付款范围内承担连带责任，本院暂不予采纳。泰某公司可待本案件诉讼结束后再另行诉讼解决。

【法院判决】

（1）卫某建筑装饰工程有限公司于判决生效之日起五日内支付泰某公司工程款 535,121.61 元及利息（以 535,121.61 元为基数，自 2017 年 8 月 10 日起按中国人民银行发布的同期同类贷款利率计算至实际付清时止）；

（2）驳回泰某公司的其他诉讼请求。

【律师点评】

本案也属于建设施工合同被认定无效的处理结果。

法院经审理查明，转包合同中，承包方未能取得资质，故认定双方之间的建设施工合同无效。

施工合同虽然无效，但依据《最高人民法院关于审理建设工程施工合同纠纷案件适用法律问题的解释》第二条，发包方仍须按约定支付工程款；本案中，虽然工程尚未完工和验收，但通过鉴定已经确定了已施工工程量，故法院支持了承包方关于要求支付工程款的主张。

第三章

室内装饰装修工程施工合同（实用版）

第一节　室内装饰装修工程施工合同

合同编号：【20 　】GZSH-00001 号

_____装饰工程有限公司

室
内
装
饰
装
修
工
程
施
工
合
同

甲方（发包方）：_____

乙方（施工方）：_____

工程地址：_____

签署时间：_____

签署地点：_____

说　明

1、此合同文本适用于室内装饰装修工程。

2、此合同属于甲乙双方共同协商的结果。

3、本合同原则上不得出现空白，如无需填写，空格应划上"\"。

4、签署本合同时，应附上甲方的身份证复印件 / 营业执照。

5、本合同解释权归＿＿＿＿＿＿＿＿＿＿＿＿＿＿有限公司。

甲方（发包人）：＿＿＿＿＿＿＿＿＿＿＿＿＿＿＿＿＿＿

统一社会信用代码 / 身份证号码：＿＿＿＿＿＿＿＿＿＿＿

法定代表人 / 委托代理人：＿＿＿＿＿＿＿＿＿＿＿＿＿＿

地址：＿＿＿＿＿＿＿＿＿＿＿＿＿＿＿＿＿＿＿＿＿＿＿

联系电话：＿＿＿＿＿＿＿＿＿＿＿＿＿＿＿＿＿＿＿＿＿

乙方（承包人）：＿＿＿＿＿＿＿＿＿＿＿＿＿＿＿＿＿＿

统一社会信用代码：＿＿＿＿＿＿＿＿＿＿＿＿＿＿＿＿＿

法定代表人：＿＿＿＿＿＿＿＿＿＿＿＿＿＿＿＿＿＿＿＿

地址：＿＿＿＿＿＿＿＿＿＿＿＿＿＿＿＿＿＿＿＿＿＿＿

联系电话：＿＿＿＿＿＿＿＿＿＿＿＿＿＿＿＿＿＿＿＿＿

根据《中华人民共和国合同法》及其他有关法律、法规，结合室内装饰装修工程的特点，甲、乙双方在平等、自愿、友好协商的基础上，就甲方委托乙方对甲方所有的工程进行装饰装修施工事宜，达成以下协议：

第一条　工程概况

1、施工地点：＿＿＿＿＿＿＿＿＿＿＿＿＿＿＿＿＿＿＿。

2、工程装饰装修面积：＿＿＿＿＿＿＿＿＿＿＿＿＿＿＿。

3、工程承包方式，经商定采取下列第_____种方式：

（1）乙方包工、包全部材料；

（2）乙方包工、包部分材料，甲方提供其余部分材料；

（3）乙方包工、甲方提供全部材料。

4、工程期限：

工程期限共___月，开工日期为_____年___月___日，竣工日期为_____年___月___日，具体开工日期以乙方入场施工的实际日期为准。

5、工程款：本合同工程造价为人民币_____元，金额大写：_____（《工程预算单》），具体以实际结算为准。但若变更施工内容或材料等，变更部分对应的工程款按实际发生另计。

第二条　工程质量标准

本工程质量执行国家标准 GB 50327—2001《住宅装饰装修工程施工规范》、GB 50210—2001《建筑装饰装修工程质量验收规范》等相关国家和行业标准。

第三条　甲方责任

1、本合同生效后，甲方负有按约定足额支付工程款的责任，否则，乙方有权相应延期完成工程。

2、乙方进场施工前，甲方需为乙方入场施工创造条件，并进行现场交底。全部腾空或部分腾空房屋，清除影响施工的障碍物。对只能部分腾空的房屋中所滞留的家具、陈设等采用保护措施。若甲方自带设计方案，在现场交底前还应向乙方提供经确认的施工图纸或施工说明文件各两份。实际施工的工期从甲方已经向乙方满足施工条件时开始起算。

3、甲方应向乙方提供施工所需水、电等设备，并说明使用注意事项，水电费用由甲方承担。甲方还需按物业公司的要求负责办理施工所涉及的各种申请、批文等手续及应当由甲方支付的相关费用；否则如因此导致乙方无法施工或被阻止施工的，该责任全部由甲方承担。

4、遵守物业管理的各项规章制度，并负责协调乙方施工人员与邻里之间的关系。

5、甲方不得有下列行为：

（1）随意改动房屋主体和承重结构。

（2）在外墙上开窗、门或扩大原有门窗尺寸，拆除连接阳台门窗的墙体。

（3）在室内铺贴一厘米以上石材、砌筑墙体、增加楼地面荷载。

（4）破坏厨房、厕所地面防水层和拆改热、暖、燃气管道设施。

（5）强令乙方违章作业施工的其他行为。

6、凡涉及本条5款所列内容的，甲方应当向房屋管理部门提出申请，由原设计单位或者具有相应资质等级的设计单位对改动方案的安全使用性进行审定并出具书面证明，再由房管部门批准。否则，乙方有权拒绝施工，并由甲方承担所有的责任。

7、施工期间甲方仍需部分使用该居室的，甲方则应当负责配合乙方做好保卫及消防工作。

8、甲方指派_____为甲方驻工地代表，负责合同履行和对工程质量、进度进行监督检查，办理验收、变更、登记、签证手续和其他事宜。甲方驻工地代表所签署的文件应视为甲方对有关事宜的确认。

第四条　乙方责任

1、向甲方提供项目完善、清楚规范的预算单（预算单为本合同不可分割的组成部分），根据工程实际情况由专业的报价师或报价系统提供标准报价。

2、根据施工图纸或施工说明，拟定施工方案和进度计划，交甲方审定。

3、指派_____为乙方驻工地代表，负责合同履行，按要求组织施工，保质、保量、按期完成施工任务，解决由乙方负责的各项事宜。乙方驻工地代表所签署的文件应视为乙方对有关事宜的确认。

4、严格执行施工规范、质量标准、安全操作规范、防火安全规范和环境保护规定。

5、积极配合甲方/甲方委托人开展正常工作，做好各项质量检查记录和阶段性工程验收，配合竣工验收，编制工程结算。安全、保质、按期完成本合同约定的工程内容。

6、遵守物业管理规定的施工时间，不得扰民及污染环境。

7、因进行装饰装修施工造成相邻居民住房的管道堵塞、渗漏、停水、停电等，承担修理和损失赔偿的责任。

8、负责将装修垃圾装袋，及时清运到物业指定位置，并支付物业管理所收的相关费用。

第五条 工程变更

1、合同签订后，在施工前或施工过程中如果甲方还需增加工程项目，在增加制作之前，乙方作预算造价，并由甲方／甲方委托人签名确认；如仅系本合同及预算单范围内的工程项目的工程量增减，无须双方签名确认，双方在验收时予以确认即可。

2、增加项目所需的费用，甲方必须在增加项目施工完毕后五日内一次性付清给乙方。

3、合同签订后，在施工前或施工过程中如果甲方需减少工程项目的，双方协商一致后，可以调整相应费用：甲方单方面要求减少施工项目所对应的费用（以工程预算单为基础），应划拨减少施工项目所对应的费用的5%给乙方作为补偿；乙方提议或要求减少施工项目，经甲方同意后，其对应的费用按原预算的100%在工程完工后返还给甲方。

第六条 关于工期的约定

在施工期间对合同约定的工程内容如需变更，甲乙两方须协商一致，共同签署书面变更单，同时调整相关工程费用及工期。工程变更单是竣工结算和顺延工期的依据。

1、甲方要求比合同约定的工期提前竣工时，应征得乙方同意并支付一定比例的赶工费。

2、因甲方未按约定完成工作或违约在先而影响工期的，工期顺延，责任全部由甲方承担。

3、因乙方原因不能按期开工或中途无故停工，影响工期的，责任全部由乙方承担。

4、因甲方设计变更或非甲、乙方原因造成的停水、停电、停气及不可抗力的因素（天气、会议等）而影响工期的，工期相应顺延，甲乙双方均不承担该责任。

第七条　关于工程质量、验收和保修约定

1、甲乙双方应在施工过程中分下列阶段对工程质量进行验收：

（1）材料验收；

（2）隐蔽工程验收（包括水、电等隐蔽工程的验收）；

（3）竣工验收（包括室内环境质量验收）；

（4）其他约定的项目验收（如有）。

2、就本条第1款约定的需要验收的项目，项目完成后，乙方应通知甲方验收；甲方自接到通知起十日组织工程验收，并办理验收、移交手续。如甲方（或甲方委托人）在规定时间内未能组织验收，需及时通知乙方和丙方，另定验收日期。但甲方应承认竣工日期，并承担乙方的看管费用和相关费用（看管等费用另行约定）。

3、如甲方怠于验收的，在乙方书面催告后十日内仍不予配合办理验收的，乙方有权自行制作验收单及工程结算单；在甲方收悉到验收单和工程结算单后，如有异议的，应在五日内提出，并约定双方重新验收和核算工程量；如约定日期后甲方仍不配合办理验收和核算工程量手续的，则视为甲方认可乙方制作的验收单和工程结算单，甲方应按工程结算单核准的工程量支付工程款。

4、甲方提前入住的，视为整个工程验收合格，甲方应自行承担工程有关的质量问题，但乙方仍应承担合同的保修责任。

5、甲方委托的工程监理代表与乙方应及时办理隐蔽工程和中间工程的检查与验收手续。若甲方要求复验时，乙方应按要求办理复验。如复验合格，甲方应承担复验费用，由此影响工期，责任由甲方承担；若复验不合格，其复验及返工费由乙方承担，责任由乙方承担，但工期也予以顺延。

6、就甲方提供的材料、设备，乙方无验收的义务，甲方自行控制该材料及设备的质量标准，但对于外观明显破损的材料或设备，乙方施工前应通知甲方，由甲方决定是否继续使用，甲方不同意使用的，乙方不得使用，但由此延误的工期由甲方承担；如因甲方提供的材料、设备质量不合格而影响工程质量的，其返工费用及材料费用由甲方承担，工期顺延。

7、由于乙方原因造成质量事故，其返工费用及材料费用由乙方承担，工期不

顺延。

8、本工程自验收合格后双方签字之日起，在正常使用条件下室内装饰装修工程保修期限为二年，有防水要求的厨房、卫生间防渗漏工程保修期限为五年。同时由甲乙两方签订《广东省室内装饰装修工程施工合同工程保修协议》。

第八条　关于工程款结算与支付的约定

1、对甲方支付的款项，乙方均应出具收据，施工结束后，乙方应开具统一发票交于甲方（税点另计）。

2、本合同生效后，甲方按下表约定向乙方支付工程款，5%的尾款在保修期满后，并无发生任何工程质量问题时一次结清。

批次	拨款时间	付款比例	备　注
第一次	开工前＿＿天	50%	如提前完工，甲方应相应提前支付相应工程款项。
第二次	泥工进场	20%	如涉及增加的工程项目，应付清增加项目的工程款。
第三次	木工进场	20 %	如涉及增加的工程项目，应付清增加项目的工程款。
第四次	竣工验收	5 %	如涉及增加的工程项目，应付清增加项目的工程款。

3、付款前，如甲方经验收，乙方的已完成工程不合格的，甲方有权拒付下一笔工程款，并要求乙方完成已完成工程的整改；整改合格后方可进入下一步的工序。

4、除尾款外的工程款结清后，双方办理工程的移交手续。

第九条　关于材料供应的约定

1、本工程使用的建筑装饰材料，应为符合工程设计要求和国家标准的合格产品，并具有法律效力的合格证书或检验报告。

2、甲方负责采购供应的材料、设备应按时供应到现场，并与乙方办理好交接手续。凡约定由乙方提货的，甲方应将提货手续移交给乙方，由甲方承担运输费用。乙方发现由甲方供应的材料、设备发生了质量问题或规格差异，应及时向甲方提出，甲方仍表示使用的，对工程造成损失，责任由甲方承担。甲方供应的材料，经组织检测验收后交乙方保管。由于乙方保管不当造成损失，由乙方负责赔偿。

3、甲方采购供应的装饰材料、设备均应用于本合同规定室内装修，非经甲方同意，乙方不得挪作他用。如乙方违反此规定，应按挪用材料、设备价款的双倍补偿给甲方。

4、乙方负责采购的材料、设备，经组织验收后，由甲方确认备案，不符合质量要求或规格有差异，应禁止使用。若已使用，对工程造成的一切损失由乙方负责。

第十条　有关安全施工和防火的约定

1、甲方提供的施工图纸或施工要求说明，应符合《中华人民共和国消防条例》和有关防火设计规范。

2、乙方在施工期间应严格遵守《建筑安装工程安全技术规程》《建筑安装工人安全操作规程》《中华人民共和国消防条例》和其他相关的法规、规范。

3、由于乙方在施工生产过程中违反有关安全操作规程、消防条例，导致发生安全或火灾事故，乙方应承担由此引发的一切经济损失。

第十一条　违约责任及奖励约定

1、一方当事人未按约定履行合同义务给他方造成损失的，应当承担赔偿责任；因违反有关法律法规受到处罚的，最终责任由责任方承担。

2、一方当事人无法继续履行合同的，应及时通知其他两方，并由责任方承担因合同解除而造成的损失。

3、甲方无正当理由未按合同约定期限支付工程款，每延误一日，应向乙方支付迟延部分工程款千分之五的违约金。

4、由于乙方责任延误工期的，每延误一日，应向甲方支付本合同工程造价金额千分之五的违约金。

5、开工后，甲方提出提前完工的要求，乙方遵照甲方需求，在保证施工质量的前提下，每提前一天，甲方应奖励乙方人民币 1000 元。

第十二条　争议或纠纷处理

1、甲乙两方因本合同引起的或与本合同有关的任何争议，经甲乙双方同意，可提请其他个人或组织调解。

2、本合同在执行中发生的任何争议，调解不成时，任何一方都有权向工程所在地人民法院提起诉讼。

第十三条　其他约定

1、乙方不具备营业资格或相应施工能力的，甲方有权终止本合同，乙方应当立即返还甲方已支付的费用，并赔偿甲方损失。

2、施工期间，若甲方发现乙方违规施工或有其他违反合同的行为时，甲方有权要求乙方暂时停工，与乙方交涉，要求返工或作相应补救措施，情节严重时，甲方有权终止合同。施工期间，甲方无正当理由阻止工程施工，或拒绝按约定支付工程款项，经乙方交涉无果时，乙方有权中止合同。

3、施工期间，甲方将门钥匙壹把交给乙方保管；工程竣工验收后，乙方应将门钥匙交还给甲方。

4、工程竣工经甲方验收合格交付甲方使用后，甲方在保修期满后使用过程中再发生任何质量的问题，乙方不再承担质量责任；但乙方可优先为甲方提供有偿维修服务。

5、其他补充约定：

（1）_____。

（2）_____。

第十四条　附则

1、本合同一式两份，甲乙双方各执一份，经甲、乙双方签字（盖章）时生效；除保修条款之外的其他条款，在工程验收、交接完毕，甲方支付相应款项后自动终止；保修期满，甲方支付保修对应尾款后有关保修条款终止。

2、就本合同未尽事宜，甲乙双方可以另行签署补充协议予以约定，补充协议同本合同具有同等法律效力，如二者内容约定不一致的，以时间在后签署的协议约定为准。

3、为方便沟通，除本合同约定的地址及联系电话外，甲方的微信（微信号：_____）及甲方驻工地代表的微信（微信号：_____）、乙方（微信号：_____）及乙方驻工地代表、员工的微信（微信号：_____）都属于双方约定的具有法律效力的联系方式，双方建立的微信群亦属于双方约定的具有法律效力的联系方式，如通过微信或微信群发出的通知及确认的事项，对双方均具法律约束力。

4、本合同约定的联系方式是双方认可的法定联系方式，任何一方按该联系方式发出的文件及资料均视为有效送达。

5、本合同附件为本合同的有效组成部分，经双方签字（盖章）后生效，具同等法律效力。

6、本合同于_____年___月___日签订于_____。

【以下无正文，为签署行】

甲方（签字/盖章）：_____

法定代表人（签字）：_____

委托代理人（签字）：_____

乙方（盖章）：_____

法定代表人（签字）：_____

委托代理人（签字）：_____

第二节　劳动合同

劳动合同编号：【2020】　第　号

_____有限公司

劳

动

合

同

甲方（用人单位）＿＿＿＿＿＿＿　　乙方（员工）＿＿＿＿＿＿

名称：＿＿＿＿＿＿＿＿＿＿＿＿　　姓名：＿＿＿＿＿＿＿＿＿

住所：＿＿＿＿＿＿＿＿＿＿＿＿

法定代表人：＿＿＿＿＿＿＿＿　　身份证号码：＿＿＿＿＿＿＿

联系人：＿＿＿＿＿＿＿＿＿＿　　住址：＿＿＿＿＿＿＿＿＿＿

联系电话：＿＿＿＿＿＿＿＿＿　　联系电话：＿＿＿＿＿＿＿＿

根据《中华人民共和国劳动法》《中华人民共和国劳动合同法》等有关法律法规的规定，甲乙双方遵循合法、公平、平等自愿、协商一致、诚实信用的原则，签订本合同，共同遵守本合同所列条款。

一、合同期限

（一）甲乙双方同意本合同期限为固定期限＿年，从＿年＿月＿日起至＿年＿月＿日止。

（二）试用期为＿天，从＿年＿月＿日起至＿年＿月＿日止。（试用期包括在合同期限内，如无试用期，则填写"0"）。

二、工作内容和工作地点

乙方的工作岗位：＿＿＿＿＿＿＿＿＿＿＿＿＿＿。

乙方的工作地点：＿＿＿＿＿＿＿＿＿＿＿＿＿＿。

三、工作时间和休息休假

（一）甲乙双方同意按标准工时制确定乙方的工作时间，每周工作40小时，每周至少休息一日。

（二）甲方由于生产经营需要延长工作时间的，按《劳动法》第四十一条执行。

四、劳动报酬

（一）乙方每月基本工资＿元，其中试用期每月工资＿元，该基本工资为计算乙方加班费的计算基数。

（二）甲方每月＿日发放上月的工资。甲方至少每月以货币形式向乙方支付一次工资。

（三）乙方加班工资、假期工资及特殊情况下的工资支付按有关法律、法规的规定执行。

五、劳动保护、劳动条件和职业危害防护

（一）甲方按国家和省、市有关劳动保护规定，提供符合国家安全卫生标准的劳动作业场所和必要的劳动防护用品，切实保护乙方在生产工作中的安全和健康。

（二）甲方按国家和省、市有关规定，做好女员工和未成年工的特殊劳动保护工作。

（三）如乙方工作过程中可能产生职业病危害，甲方应如实告知乙方，按《职业病防治法》的规定保护乙方的健康及其相关权益。

六、规章制度

（一）甲方依法制定的规章制度，应当告知乙方。

（二）乙方应遵守国家和省、市有关法律法规和甲方依法制定的规章制度，按时完成工作任务，提高职业技能，遵守安全操作规程和职业道德。

（三）如乙方违反劳动纪律，甲方可依据其依法制定的规章制度给予必要的处理，包括但不限于赔偿损失和解除劳动合同等。

七、合同变更

甲乙双方经协商一致，可以变更合同。变更合同应采用书面形式。变更后的合同文本双方各执一份。

八、合同解除和终止

（一）甲乙双方协商一致，可以解除合同。

（二）乙方提前三十日以书面形式通知甲方，可以解除劳动合同；乙方试用期内提前三日通知甲方，可以解除劳动合同。

（三）甲方有下列情形之一的，乙方可以通知甲方解除劳动合同：

1、未按照劳动合同约定提供劳动保护或者劳动条件的；

2、甲方以欺诈、胁迫的手段或者乘人之危，使乙方在违背真实意思的情况下订立或者变更本合同，致使劳动合同无效的；

3、甲方违反法律、行政法规强制性规定，致使劳动合同无效的；

4、甲方未及时足额支付劳动报酬的；

5、法律、行政法规规定乙方可以解除劳动合同的其他情形。

（四）甲方以暴力、威胁或者非法限制人身自由的手段强迫乙方劳动的，或者甲方违章指挥、强令冒险作业危及乙方人身安全的，乙方可以立即解除劳动合同，不需事先告知甲方。

（五）乙方有下列情形之一的，甲方可以解除劳动合同：

1、在试用期间被证明不符合录用条件的；

2、严重违反甲方的规章制度的；

3、严重失职，营私舞弊，给甲方造成重大损害的；

4、接私单，私自向客户收取工程款；

5、不按甲方要求完善施工合同和施工流程，导致甲方无法向客户收取工程款或导致甲方向客户承担违约责任的。

6、乙方同时与其他用人单位建立劳动关系，对完成本单位的工作任务造成严重影响，或者经甲方提出，拒不改正的；

7、乙方以欺诈、胁迫的手段或者乘人之危，使甲方在违背真实意思的情况下订立或者变更本合同，致使劳动合同无效的；

8、被依法追究刑事责任的。

（六）有下列情形之一的，甲方提前三十日以书面形式通知乙方，可以解除劳动合同：

1、乙方患病或者非因工负伤，在规定的医疗期满后不能从事原工作，也不能从事由甲方另行安排的工作的；

2、乙方不能胜任工作，经过培训或者调整工作岗位，仍不能胜任工作的；

3、劳动合同订立时所依据的客观情况发生重大变化，致使劳动合同无法履行，经甲乙双方协商，未能就变更劳动合同内容达成协议的。

（七）有下列情形之一，甲方需要裁减人员的，根据《中华人民共和国劳动合同法》的有关规定办理：

1、依照企业破产法规定进行重整的；

2、生产经营发生严重困难的；

3、企业转产、重大技术革新或者经营方式调整，经变更劳动合同后，仍需裁减人员的；

4、其他因劳动合同订立时所依据的客观经济情况发生重大变化，致使劳动合同无法履行的。

（八）有下列情形之一的，劳动合同终止：

1、劳动合同期满的；

2、乙方开始依法享受基本养老保险待遇的；

3、乙方死亡，或者被人民法院宣告死亡或者宣告失踪的；

4、甲方被依法宣告破产的；

5、甲方被吊销营业执照、责令关闭、撤销或者甲方决定提前解散的；

6、法律、行政法规规定的其他情形。

九、经济补偿

（一）本合同解除或者终止，符合《劳动合同法》规定应予支付经济补偿金情形的，甲方应当向乙方支付经济补偿。

（二）甲乙双方解除或终止本合同的，经济补偿的发放标准应按《劳动合同法》和国家和省、市有关规定执行。甲方依法应向乙方支付经济补偿的，应在乙方办结工作交接时支付。

十、合同解除和终止手续

甲乙双方解除和终止本合同的，甲乙方应按双方约定，办理工作交接等手续。

十一、争议处理

甲乙双方发生劳动争议的，应先协商解决。协商不成的，可以向本单位工会寻求解决或向本单位劳动争议调解委员会申请调解；也可以直接向劳动争议仲裁委员会申请仲裁。对仲裁裁决无异议的，双方必须履行；对仲裁裁决不服的，可以向人民法院起诉。

十二、双方认为需要约定的其他事项：

（一）乙方必须遵守甲方的各项规章制度，乙方在签订本劳动合同的同时或之后应仔细阅读并签收甲方的规章制度；乙方任职期间，不得投资和甲方有竞业关系的业务和在同甲方有竞争关系的公司兼职；不得吞私单，不得私自向客户收取工程款。

（二）乙方承诺自进甲方工作之日起，已与原工作单位终止或解除劳动关系，否则由此产生的一切法律后果由乙方自行承担。

（三）乙方承诺其提供的证件真实有效，如有假冒伪造，由此产生的（包括工伤保险等因证件问题而不予理赔在内的）法律后果皆由乙方承担；同时甲方有权解除与其签订的劳动合同，并且不予支付经济补偿金。

（四）乙方承诺自进公司工作之日起，保守甲方商业机密，否则将赔偿违约金50000元并承担由此对甲方造成的一切损失。本条所述的商业秘密，包括但不限于客户信息、设计图纸、渠道信息、公司文件、营销计划、供应商信息、装修定价、公司负债表、财务资料、人力资源信息等。

（五）关于竞业限制的约定：乙方离职后，两年内不得在和甲方有业务竞争关系的公司任职，否则需支付违约金50000元。

（六）乙方确认本合同中写明的住址为书面文件的送达地址。

（七）甲方因业务的需要，将乙方派遣到甲方其他工作地点工作的，乙方需无条件予以接受；或者甲方因业务发展需要搬迁厂址时，乙方无条件同意随迁。

（八）关于购买社保的约定，因乙方已经购买其他社保，乙方要求放弃购买社保，由此产生的法律后果全部由乙方自行承担，乙方对此无意义；鉴于乙方已经要求放弃购买社保，甲方在发放的工资时，乙方要求甲方将甲方应支付的社保份额按月支付给乙方。

十三、其他

（一）本合同未尽事宜或合同条款与现行法律法规规定有抵触的，按现行法律法规执行。

（二)本合同自甲乙双方签字盖章之日起生效，涂改或未经书面授权代签无效。

（三）本合同一式两份，甲乙双方各执一份。

甲方：（盖章）　　　　　　　　乙方：（签字）

法定代表人：

　年　月　日　　　　　　　　　年　月　日

第三节　承包合同书

承包合同书

甲方：

住所：

乙方：　　　　　　　　身份证号：

住址：

乙方因承包甲方发包的位于＿＿＿＿＿＿＿项目工程一事，签署本协议，供双方共同遵守：

一、工程内容：

乙方承包甲方位于＿＿＿＿＿＿工程的＿＿＿＿＿＿项目。

二、承包方式：

1、甲方提供项目工程的材料，由乙方进行施工。因材料质量问题导致的工程不合格，乙方不承担责任，但由于乙方施工原因导致工程不合格的，由乙方承担一切责任。

2、工程项目的施工人员由乙方自行聘请，与甲方无关。

三、工期：

本工程工期＿＿月，自＿＿＿＿＿年＿＿月＿＿日至＿＿＿＿＿年＿＿月＿＿日。如甲方提供材料原因导致项目工程无法开工的，工期相应顺延。如乙方原因导致工程延期的，乙方须赔偿甲方因此遭受的损失（如有）。

四、工程价款：

本工程项目价款共计人民币＿＿＿＿＿万元。甲方分三次向乙方支付，但甲方有权先行扣下工程质保金人民币_____元。

第一笔：乙方进入工程项目时，甲方支付人民币_____元；

第二笔：工程完工时，甲方支付人民币_____元；

第三笔：工程验收合格时，甲方支付人民币_____元。

本工程设保质期两年，保质期满后如无质量问题，甲方向乙方支付质保金人民币_____元。

五、其他约定：

1、乙方应尽责、安全施工项目工程；施工过程中，乙方及乙方施工人员对自身的施工安全问题负责，甲方不负责。

2、乙方对聘请的施工人员，应保证能胜任本项目工程，并加强安全施工的指导监督，加强质量管理，否则，所有责任由乙方自行承担。

3、乙方须按本合同约定的工期完成工程，并保证质量。

4、乙方自行负责施工工具。

5、乙方在施工过程中，甲方有权对乙方的施工过程予以监督，并提出整改意见，乙方须无条件接受。

6、乙方须文明施工，施工过程中，如乙方遭到投诉，甲方有权对乙方行为予以纠正，如导致甲方遭受损失的，乙方须向甲方补偿其损失。

7、本合同一式两份，自双方签字后生效。

甲方：　　　　　　　　　乙方：

本合同于_____年____月____日签订于_____。

第四节 劳务合同书

劳务合同书

合同编号：LH【20　】第　　号

甲方：＿＿＿＿＿＿＿＿＿＿＿＿＿＿＿＿＿＿＿＿＿＿＿＿＿＿

乙方：＿＿＿＿＿＿身份证号：＿＿＿＿＿＿＿＿＿＿＿＿＿＿＿

地址：＿＿＿＿＿＿＿＿＿＿＿＿＿＿＿＿＿＿＿＿＿＿＿＿＿＿

联系电话：＿＿＿＿＿＿＿＿＿＿＿＿＿＿＿＿＿＿＿＿＿＿＿＿

鉴于甲方已经承揽本协议约定工程，现须将工程的＿＿＿＿＿＿（木工、泥水工、油漆工、电工）部分的工程分包给乙方施工，为明确双方权责，在自愿、平等、协商一致的基础上，甲乙双方达成协议如下：

一、工程概况

1、工程名称及地点：＿＿＿＿＿＿＿＿＿＿＿＿＿＿＿＿＿＿＿

2、工程承包方式：乙方采取<u>包工不包料</u>的承包方式。

3、工程期限＿＿＿天，如因乙方原因误工延期造成的损失，由乙方负责赔偿。

4、工程价款的约定：工程单价按＿＿＿＿＿的标准计算；工程完工后，由甲乙双方或会同工程发包方共同核算工程量，依据最终核准的工程量双方办理最终的结算金额，并由甲乙双方共同签名确认。工程结算后，甲方向乙方支付＿＿＿＿％的工程款，余款待全部工程完工后且乙方承包的工程不存在质量问题时，由甲方一次性向乙方付清。

二、双方权利义务

1、乙方确保有能力和有资格完成施工，提供的证件是真实的。

2、乙方的施工必须严格遵照甲方的施工要求，否则由此因返工导致的损失全部由乙方自行承担。

3、乙方须确保工程按期保质完成，甲方有权随时对乙方的施工工程进行检查、监督。

4、乙方施工工程中应严格执行有关施工现场管理的规定，不得扰民及污染环境。

5、乙方应确保安全施工，遵守安全施工规程，并确保工程安全和自身人身的安全，如施工过程中出现意外时，乙方承担全部责任。

6、本工程施工所需的所有工具由乙方自备，甲方不负责，工具管理亦由乙方自行负责。

7、乙方施工过程中，应和发包方保持良好的沟通，因发包方要求，甲方有权随时终止本合同。

8、如乙方在施工过程中需要生活费用的，根据乙方的申请，甲方可以预先借支给乙方，最终结算时，该借支金额应予以抵扣。

9、乙方须保证其有能力完成本工程，并具备相应资质证书。

三、工程保修：

工程保修期限以甲方同发包方签署的合同为准，保修期内需要履行保修责任时，乙方须在甲方通知后二日内无条件予以维修，逾期时，甲方有权自行维修或委托第三方维修，该维修费用全部由乙方承担。

四、工程质量：

工程质量验收标准，以甲方同发包方签署的合同约定为准，对不符合标准的工程，乙方须在二日内进行整改，费用由乙方承担；如因此导致甲方受损的，该损失全部由乙方承担。

五、甲乙双方确认：

①甲乙双方为劳务分包的合同关系，不存在劳动合同关系，乙方不是甲方聘用的员工；②即使为了管理方便甲方向乙方发放工牌的，该工牌也不能作为认定甲乙双方存在劳动关系的依据；③乙方无权要求甲方支付工资，只有权要求甲方按本协议第一条第4款支付工程价款。

　　六、本协议一式二份，甲乙各执一份，双方签字认可，即具法律效力。

　　七、本协议履行过程中，如双方出现争议且无法协商解决时，双方均有权向工程所在地法院提起诉讼。

　　八、本协议履行完毕时，其效力自行终止。

　　九、本协议于＿＿＿年＿＿月＿＿日签署于＿＿＿＿＿＿＿＿＿＿＿＿＿＿＿＿＿＿＿＿＿。

甲方：（签字／盖章）

乙方（签字）：　　　　　　　　　　　身份证号码：